THE POWER OF NATURE

自然的力量

户外探索与生存手册

大鹏◎著

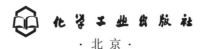
化学工业出版社
·北京·

内 容 简 介

本书是关于户外探索活动的指导性图书，书中详细介绍了户外探索活动在世界范围内广为流行的原因以及不同人群参与户外探索活动的意义，并对沙漠、山地、高原、草原、海岛等户外探索活动的热门地点进行了有针对性的阐述。每种地形地貌均对其地理特征、动物类型、植被分布、民俗文化、适宜运动、生存技巧等知识作了深入讲解。本书实用性较强，在保证专业性的前提下，力求通俗易懂，不同层次的读者均可从中获益。

本书面向有兴趣参与户外探索活动的青少年与广大户外爱好者，也可作为高校户外探索课程的教学用书。

图书在版编目(CIP)数据

自然的力量 ：户外探索与生存手册/大鹏著. 一北京 ：化学工业出版社，2023.2
ISBN 978-7-122-42609-3

Ⅰ．①自… Ⅱ．①大… Ⅲ．①野外一生存一手册
Ⅳ．①G895-62

中国版本图书馆CIP数据核字(2022)第230596号

责任编辑：徐　娟　　　　文字编辑：冯国庆　　　　装帧设计：中海盛嘉
责任校对：杜杏然　　　　　　　　　　　　　　　封面设计：王晓宇

出版发行：化学工业出版社(北京市东城区青年湖南街13号　邮政编码100011)
印　　装：中煤（北京）印务有限公司
710mm×1000mm　1/16　印张10$\frac{1}{2}$　字数 200千字　2023年5月北京第1版第1次印刷

购书咨询：010-64518888　　　　　　　　　　售后服务：010-64518899
网　　址：http://www.cip.com.cn
凡购买本书，如有缺损质量问题，本社销售中心负责调换。

定　　价：69.00元

前　言 PREFACE

　　远古时期，人类与山川、鸟兽以及草木为伍，敬畏和依赖自然，认为只有与自然融为一体、和谐相处，才能"近取诸身，远取诸物"。如今，人类社会已经发生了翻天覆地的变化，但人类与自然的关系并没有改变。人类是自然的一部分，人类利用和改造自然，自然也在一直影响人类，人类与自然相互联系、相互制约。虽然人类在自己建造的城市中享受着便捷的现代化生活，但依然无法脱离自然。

　　随着社会的进步，人类的生活质量不断提高，但高质量的生活伴随着的是巨大的压力。学生面临着学习压力，成人面临着工作压力，每个人都在忙碌奔波，很难停下来歇息一下。人们迫切需要一个缓解压力的突破口，而基因里的"野性"促使人们走向户外，重返自然。只有身处一片广阔的天地，才能让人乐而忘忧。

　　"寄蜉蝣于天地，渺沧海之一粟，哀吾生之须臾，羡长江之无穷。"这是宋代大文豪苏轼在《赤壁赋》中发出的感慨。与浩瀚天地相比，人类真的是太渺小了。高耸巍峨的山峰、辽阔无边的草原、一望无际的沙漠、暗流汹涌的海洋，大自然就像是一座巨大的宝库，千百年来吸引着人类去探索和了解。或许这就是宇宙赋予人类生命的意义：活着，就要向往远方、探索未知，在有限的生命旅程中不断净化心灵。而这也是户外探索在世界范围内广为流行的根本原因。

　　近年来，房车旅居、航拍、野餐露营、越野探险、徒步旅行等生活方式吸引着越来越多的人走向户外。求知欲旺盛的小学生、课业负担重的中学生、即将踏入社会的大学生、忙碌的家庭主妇、懵懂的职场新人、屡屡碰壁的创业者、身处困境的企业家……无论你是哪一种人，无论你身上贴着什么"标签"，都能在户外探索的过程中重新认识自己。

本书致力于帮助读者加深对户外探索的认知并掌握其基础技能，从而更好地结合实践体验户外探索的无穷魅力。读者通过本书可以了解户外探索的基本概念，树立基本的户外安全、风险管理与环境保护等意识，熟悉不同地形的地理特征和生物分布，欣赏不同地区的民俗文化，掌握各类户外运动的基本技巧，并学习各种野外环境下的生存技巧。

在撰写过程中，多位户外达人对本书内容进行了严格的筛选和审校，使其更具专业性和权威性，在此一并表示感谢。

由于资料来源的局限性，书中难免存在疏漏之处，敬请广大读者批评指正。

大鹏

2022 年 10 月

目　录 CONTENTS

第 1 章

亲近大自然
——户外运动漫谈

　　户外运动的历史，最早可追溯到 18 世纪的欧洲。早期的户外运动其实是一种生存手段，采药、狩猎、战争等活动无一不是人类为了生存或发展而被迫进行的活动。第二次世界大战后，随着战争的远离和经济的发展，户外运动开始走出军事和求生范畴，成为人类娱乐、休闲和提升生活质量的一种新的生活方式。本章主要就户外运动流行的原因和积极意义展开介绍。

1.1 从人类的进化说起

　　户外运动源于欧美早期的探险、科学考察活动，现在的户外运动是在规范和安全的前提下，走出居所、城市，走向自然，从事具有一定挑战性和休闲性的活动。从狭义上看，户外运动是一种带有探险挑战性质的运动，包括徒步、登山、攀岩、滑雪、露营、骑行、越野跑等多种运动形式。

　　户外运动传入我国是在20世纪80年代，由最初的行政化性质的登山探险活动，如国家登山队攀登珠穆朗玛峰，到商业性户外运动组织的产生，再到大众化参与，户外运动不断完善与成熟。2012～2018年，我国户外运动迎来了爆发式增长。2018年，我国户外运动产业规模达到537亿元人民币，参与的人群越来越广泛。中国登山协会相关数据表明，2018年我国泛户外运动人口达1.45亿人，约占运动人口的33%，也就是说，有三成以上的运动人口参与了泛户外运动。2022年以来，人们越来越认识到健康的重要性，更多人开始走向户外，拥抱自然。

正在攀登珠穆朗玛峰的登山者

　　为什么越来越多的人爱上户外运动？这其中有社会方面的原因，也有经济方面的原因，同时与人类骨子里的"野性"密不可分。因为人类是在大自然中完成进化的，骨子里与花、草、山、水有着天然的亲和性。

　　1859年，英国生物学家达尔文出版《物种起源》一书，阐明了生物从低级到高级、从简单到复杂的发展规律。1871年，他又出版《人类的起源与性的选择》一书，列举许多证据说明人类是由已经灭绝的古猿演化而来的。但他没有认识到人和动物的本质区别，也未能正确解释古猿如何演变成人。

　　继达尔文之后，恩格斯提出了"劳动创造人类"的科学理论，1876年他写了《劳动在从猿到人转变过程中的作用》一文，指出人类从动物状态中脱离出来的根本原因是劳动，人和动物的本质区别也是劳动。文章论述了从猿到人的转变过程：古代的类人猿最初成群地生活在热带和亚热带森林中，后来一部分古猿为寻找食物下到地面活动，逐渐学会用两脚直立行走，前肢被解放出来，并能使用石块或木棒等工具，最后终于发展到用手制造工具。与此同时，在体质上，包括大脑都得到相应的发展，出现了人类的各种特征。恩格斯把生活在树上的古猿称为"攀树的猿群"，把从猿到人过渡期间的生物称作"正在形成中的人"，而把能够制造工具的人称作"完全形成的人"。随着化石材料的不断发现，测定年代方法的不断改进，人们对人类起源的认识也不断深化。尽管存在的问题还很多，已经可以大致勾画出人类起源和发展的线索。

从猿到人的转变过程

　　按照马克思主义哲学的观点，人类属于自然界，是自然界发展到一定阶段的产物。劳动的出现标志着人类从自然中分化出来。即人类的实践活动、工具的使用、劳动的过程，使人类来自自然却超越了自然的限制，成为能够支配自然的特殊存在。但人类从自然界分化出来并不意味着脱离自然界，仍然是物质的血肉之躯，其生命形态依然是物质自然界的一部分，人类赖以生存的物质生活资料也只能取之于自然界。自然界为人类提供直接的生活资料，如植物、动物、空气、水、阳光等，不管这些是以什么样的形式呈现出来的，都是人类生活所必需的；不仅如此，人类的精神生活也是离不开自然界的。人类要产生意识，就需要有意识的对象。现实中，人类把自然作为意识的对象，如果没有自然，就不会产生人类的意识。可见，不仅是人类的肉体生活离不开自然界，人类的精神生活也是离不开自然界的。因此，马克思认为，"人类是自然界的一部分"，因为人类的肉体生活和精神生活都是与自然界有着密切联系的，都是离不开自然界的，人类是要依靠自然界生活的，离开了自然界，人类将无法生存下去，社会也就不可能存在，更谈不上人类的发展。

描绘人类进化过程的绘画作品

人类的进化过程长达数百万年，其中99%的时间都是以采集狩猎为生，这段时间没有城市、没有网络，更没有手机，人类和自然和谐相处。直到18世纪后期，工业革命拉开了世界现代城镇化的序幕，时至今日已经持续了两百余年。城镇化的程度是衡量一个国家和地区经济、社会、文化、科技水平的重要标志，也是衡量国家和地区社会组织程度及管理水平的重要标志。然而，城镇化也带来了空气污染、水质恶化、耕地

在户外自由运动的人

面积减少、交通拥挤、住房紧张、就业困难、社会秩序混乱、大城市病等一系列问题。在城镇化过程中，人类与自己赖以生存的自然渐行渐远，每天待在钢筋水泥的高楼大厦中缺乏运动，对身体和心理都带来了巨大的负面影响，进而出现大范围的现代文明病。

现代都市人对回归自然的渴望、对自由自在的追寻，或许才是户外运动越来越流行的根本原因。

1.2 在探索中寻觅真知

自古以来，人类就对自然充满敬畏，不断探索它的神秘。在原始社会时期，人类与自然为伍，天为被、地为床，生活中随时有机会与自然"亲密接触"。自

然就像一位慈祥的母亲、一位睿智的长者，不仅满足人类物质方面的需求，也为人类提供了智慧、道德以及精神方面成长的机会。

正是在自然环境中燃起的野火，让人类逐渐学会了用火。火的使用带给人类安全、温暖、营养和光明，推动了人类社会的前进。在漫长的发展和演化过程中，人类从自然中学到了数之不尽的知识。从山川湖海、森林草原，到飞禽走兽、草木虫鱼，人类不断地学习和探索，从中汲取知识、得到智慧，从而学会思考和创造。

遗憾的是，处于学习阶段的孩子，特别是生活在城市里的孩子，离自然越来越远。高楼林立的城市，坚硬的柏油马路，隔绝了孩子和自然的接触。有些孩子不清楚食物的来源，不认识身边的动植物，对家乡的地理不感兴趣。有些孩子尽管生活在农村，但缺少对自然的观察。就像著名作家三毛在一篇以《塑料儿童》为题的文章里写的那样，"他们不知道什么是萤火虫，分不清树的种类，认不清虫，没碰过草地，也没有看过银河系。"

现代社会生活节奏快，大人忙于工作，孩子也忙于学业，很多孩子过的是"三点一线"的生活：学校、兴趣班、家，每天上课、做作业的时间都不够，更不用说花时间去户外运动了。然而孩子将所有时间都用来学习，真的可以健康成才吗？答案是否定的。学校教育虽然必不可少，自然教育也不可偏废。法国思想

在水中嬉戏的孩子

家让·雅克·卢梭在其著作《爱弥儿》中对"自然教育"有过论述：大自然拥有增强孩子的身体和使之成长的办法。让孩子回到自然中去，亲近大地，效法自然，去体验人与自然本来应有的和谐与平衡，让孩子在体验自然中成长，既是对孩子稚嫩心灵的抚爱和陶冶，也是他们获得聪明才智的源泉，是教育的智慧。

壮丽的大自然可以带给孩子新奇和灵感，他们可以感受土地的温度、聆听溪流的声音、观察云朵的形状、轻嗅鲜花的芬芳、品尝野果的香甜。自然环境是感官刺激的主要来源，一簇盛开的野花、一阵清脆的鸟叫、一道美丽的彩虹，都会调动孩子的各种感官，都会让孩子产生强烈而积极的心理反应，让他们在观察中理解自然、理解真正的美。这对孩子的健康、集中精力

和激发创造力都有积极的作用。

只有真正近距离感受自然，孩子才会真实感知雪花的飘落、树木的生长、世界的循环。真实，是只有自然才能给予孩子的礼物。把孩子带入自然，感受自然，让孩子感受到一个真切、新奇、有趣的世界。让孩子与自然建立连接，点燃孩子的好奇与热情，这才是一切学习的根本。

在草地上做游戏的孩子

只有亲身感受庐山瀑布的壮观，李白才会吟出"飞流直下三千尺，疑是银河落九天"。只有亲眼见过六月的西湖，杨万里才会写就"接天莲叶无穷碧，映日荷花别样红"。倘若孩子只在学校通过书本学过这些诗句，哪怕滚瓜烂熟、倒背如流，也无法产生共鸣。只有当他们亲眼看到诗人描绘的景色，才能真正领悟这些诗句的精妙之处。自然带给诗人创作的灵感，也让这道景色带着情感永远传承下去。

当孩子在与大自然的相处中，真正理解了人类与万事万物相互依存、互生互利的关系，就会在孩子的心中留下万物一体、守望相助、和谐共生的情怀。对自然的尊重和敬畏，才会很自然地流淌在孩子的血液里。

让孩子从接触自然开始学习，学习如何了解自然、理解自然规律，与自然建立亲密关系，并从中获得美好。让他们拥有对生命的热爱、对生活的热情、对自然的尊重，必将对孩子的人生产生积极且深远的影响。

与宠物一起在野外玩耍的孩子

在雪地中玩耍的孩子

1.3 在运动中强身健体

18世纪法国著名医学家蒂索认为："运动就其作用来说，几乎可以替代任何药物，但世界上任何药品都不能取代运动的作用。"在医学水平高度发达的现代社会，这一观点依然没有过时。几乎人人都知道运动对身体健康有好处，也知道户外运动在很多方面优于室内运动，但未必知道户外运动到底有哪些好处。

户外运动对肌肉骨骼的影响

经常参加户外运动，对关节、骨骼和肌肉都有良好作用。户外运动可以使血液循环得到改善，骨骼的物质代谢增强，使钙、磷在骨骼内的沉积增多，骨骼的弹性、韧性增加，并有利于预防骨质疏松，延缓骨骼衰老，还能提高骨髓的造血机能。研究发现，在高山地区进行户外运动后，每立方毫米血液中红细胞数量增加到500万～600万，下山后一两周红细胞增加到817万。而红细胞的主要作用就是运输氧气和二氧化碳，供人体正常的新陈代谢。红细胞数量增加，能提高人体有氧工作能力。此外，经常参加户外运动，可以促进肌肉的蛋白质合成，使肌肉坚韧有力。

攀岩是集健身、娱乐、竞技于一体的运动

户外运动对神经系统的影响

经常参加户外运动，能改善中枢神经系统的机能，使人精力充沛、动作敏捷、工作效率提高。户外运动还能改善大脑的供血状况，降低神经系统的疲劳，缓解精神紧张，提高睡眠质量。

户外运动对心脑血管系统的作用

经常参加户外运动，对预防心脑血管疾病有明显的作用。户外运动能清除沉积在血管壁上的胆固醇，防止动脉血管硬化，减少心脑血管疾病的发病率。此外，还能增加心脏血管的口径，增加冠状动脉血流量，改善心肌的血流分布，使心肌利用氧的能力提高，从而达到预防心脑血管疾病的目的。

户外运动对呼吸系统的作用

经常参加户外运动，能增强呼吸肌的力量，有利于保持肺组织的弹性，改善肺脏的通气和换气功能，增加吸氧能力，并提高全身各器官的新陈代谢水平。此外，户外运动的地点大多依山傍水，植被丰富，空气清新，绝少污染，且空气中含有较多的负氧离子。负氧离子能改善肺的换气功能、放松神经、振奋精神、改善睡眠、刺激造血机能，有安神、镇静、降压及消除疲劳的作用。

徒步爱好者在空气清新的山区行走

户外运动对消化系统的作用

经常参加户外运动，能量消耗增加，对各种营养物质的需求增加，因而食欲增加，消化系统的功能改善，使胃肠道蠕动加强，消化液的分泌增加，营养物质的吸收也随之增加。

户外运动对免疫系统的影响

经常参加户外运动，能提高人体的免疫力，减少感冒和因感冒继发的扁桃体炎、咽炎、气管炎、肺炎等疾病，以及因气管炎引起的肺气肿、肺心病等。

户外运动的减肥作用

减肥的基本原理是消耗的热量大于吸收的热量，运动是人体主要的能量消耗途径，但并不是所有运动都可以取得良好的减肥效果。理想的减肥运动是强度较低的运动，由于供氧充分，持续时间长，总的能量消耗多。户外运动正是这样一种运动强度适宜、持续时间较长的运动方式，因而具有独到的减肥效果。

结伴而行的徒步爱好者

1.4 在挑战中磨砺精神

　　户外运动不仅有利于强身健体，对人的精神世界也有帮助。事实上，很多人爱上户外运动的主要原因就是精神上的满足，而不只是身体上的锻炼。户外运动本身，从来就不是一项轻松的运动。因为在户外运动的时候，会口干舌燥、汗流浃背、肌肉酸痛、双脚发软，甚至受伤流血、罹患疾病。但是现在参加户外运动的人越来越多，有些人甚至已经坚持了数十年。每个人开始户外运动的理由都不一样，但能长期坚持的原因却大致相同。

户外运动能锻炼意志力

　　意志力是指一个人自觉地确定目标，并根据目标来支配、调节自己的行动，克服各种困难，从而实现目标的品质。良好的意志力是实现人生理想目标的重要因素。

　　高耸的山峰、弯曲的山路、湍急的河流是对一个人体力和意志的考验。人们在进行登山、长跑、长距离骑自行车、长距离游泳等耐力运动时，刚开始一段时间后会有气急或难受的感觉，严重的甚至出现心慌、头晕、四肢无力的症状，这在运动生理学上称为"极点"。这是因为在剧烈的运动中，支持心跳和呼吸的内脏没有跟上肌肉和关节等运动器官的行动步伐而引起的不适应，属于正常的生理现象。战胜"极点"为人们提供了锻炼意志力的好机会，又是提高运动水平的关键所在。

在沙漠中行走的户外运动爱好者

户外运动能提高专注力

认知活动包括听知觉、视知觉、记忆、思维、想象、执行、反馈等活动。认知活动得以顺利开展的推动力正是专注力。专注力是一个人走向成功的必备因素之一，反映一个人做事情的用心程度。对青少年来说，专注力更是一项十分重要的能力。根据美国的一项研究显示，患多动症的孩子小时候通常表现为感觉统合失调，运动功能较差，平衡能力差，而在高楼

在户外观察小动物的孩子

大厦里的孩子由于活动空间小，更容易导致感觉统合失调。因此，家长应该多带孩子参加户外运动。当孩子融入自然时，他身体所有的感官都会被激活，他会沉浸在一个比自己大很多的世界里，而不是局限于一件小事，在户外，孩子的大脑会变得更有活力，更加专注。

户外运动能增强自信心

一个人的自信心不是一成不变的，它受到活动结果、他人态度和自我评价等因素的影响。心理学研究表明，一个人的自信心与成功率成正比。自卑是因为怀疑自己的能力和价值，觉得自己不如别人而产生的一种消极心理。有一点自卑心理并不是全无好处，它可以使人奋发向上。而过度自卑是一种心理上的失调。一个人经常参加户外运动，就会重新认识自己。进行户外运动的时候，可以看到自己的长处，正视不足，达到心理上的健康和平衡，克服自卑感，增强自信心。

户外活动越多，人们对自己的体态越自信，越不容易屈从于单一的审美标准。英国社会心理学教授维伦·斯瓦米调查发现，人们的体态自信程度与接触自然的时间长短成正比。维伦·斯瓦米认为，"置身大自然让人们更尊重自己的身体，更深入了解自己身体能做什么，而不只是看起来如何。"

攀爬岩石的年轻女子

户外运动能提高逆境商

逆境商（AQ）全称逆境商数，通常简称为逆商，是指人们面对逆境时的反应方式，即面对挫折、摆脱困境和超越困难的能力。逆境商高的人在面对困难时，不会听天由命或者怨天尤人，甚至轻言放弃，而是坚信自己能够战胜困难。很多人的成功和进步，并不是因为他们经历的逆境少，而是与之相反，很多成功者正

坚持不懈的登山者

是在逆境、困难的磨炼中成长起来的。成功者懂得，逆境是生活的一部分，逃避逆境等于逃避生活。

道理虽然通俗易懂，但不是人人都能做到。在快节奏的现代社会，学习和工作压力都很大，不少人遇到挫折之后情绪低落、沉默寡言，或者暴怒狂躁、推卸责任，甚至还有不少自残、自杀之人。对于探索世界、不断成长的孩子来讲，面对逆境时的承受能力往往不如成年人，因此更需要提高逆境商。而户外运动就是一种很好的方法。"要想战胜困难，只有强大自己"，孩子长期参加户外运动就会逐渐形成这样的认识，而未来面对自己人生的其他困难，孩子才能够自己去面对、去解决。

户外运动能防治抑郁症

户外运动使人有回归自然的感觉，经常进行户外运动可转移人们日常工作中的精神压力，患各种精神疾病的风险就会大幅削减。当人们在风景秀丽、空气清新的自然环境中进行户外运动时，可以使大脑皮层的兴奋和抑制过程得到改善，因而对情绪抑郁和失眠等都有良好的治疗作用。

美国密歇根大学的研究人员曾对英国"为健康而散步"组织的1991名成员的健康状况进行分析。结果发现，集体户外散步能大大减少患抑郁症的概率，帮助减压，有利于心理健康。遭受重病、失去至爱、经历婚姻破裂或者失业等压抑事情的人，在参加户外散步后，心情有明显的好转。参与研究的密歇根大学副教授莎拉·瓦博说："散步是一种廉价、低风险且便捷的运动形式，并且是压力的克星。"他们的研究表明，参加户外运动不仅给日常生活提供积极能量，而且给患有严重心理疾病（例如抑郁症）的人提供了一种非药物治疗方法。

登山者抵达山顶后眺望远方

1.5 在携手中增进感情

户外运动大多以团体的形式开展，在此期间，参与者必须要与他人进行积极的交流互动，以此营造和谐的运动环境。在交流互动中，团体成员之间需要相互理解、相互鼓励、相互帮助，从而构建彼此尊重、彼此信任的关系。而尊重和信任是一切人际关系的基础，无论是夫妻关系、亲子关系、朋友关系，还是师生关系、同学关系、同事关系，都不会例外。

增进家庭感情

在美国，体育消费约占全国GDP（国民生产总值）的3%，其中的40%以上都是户外消费，也就是说体育消费中每100美元就有40多美元花在户外运动上，足见户外消费的力度。在中产阶层及以上的家庭中，孩子的户外消费达到了年人均88.7次（2016年数据）。而在我国，仅有一部分经济条件较好、综合认知水平较高的家庭经常让孩子参加户外运动。不过随着国民经济的快速发展和教育理念的不断进步，越来越多的家长意识到户外运动对孩子的帮助。未来，我国青少年户外运动的环境和氛围会越来越好。

我国很多家庭都是父母上班，老人带孩子，亲子时间非常少，户外运动不仅对孩子的身心健康大有好处，更是培养亲子感情的大好机会，同时夫妻感情也会在此过程中得到升华。户外运动给孩子提供了一个健康和轻松的环境，让他尽情享受与父母一起玩耍的乐趣。在户外运动过程中，父母应该尊重孩子的想法，尊重孩子所处的发展阶段，给孩子选择的机会。

增进朋友感情

户外运动存在很多的不确定性，导致参与者之间会有很多的分歧。这些分歧是户外运动的痛点，同时也是检验友情的"试金石"。一个人的素质、品行在平时的接触中并不能完全

在森林中漫步的母女

展现出来，而在户外运动中却有可能无法隐藏，甚至还会被放大。特别是长距离的户外运动，几乎都以团体的形式开展，需要大家分工合作、密切配合。行走了一天，终于到达营地，虽然每个人都很累，但还不能休息，安营扎寨、寻找水源、生火做饭，这些事情需要每个人参与。有的人因为身体疲倦就什么事情都不想做，或者总想着偷懒，吃饭却毫不谦让，这种行为被别人看在眼里、记在心里，久而久之自然就疏远了。相反，有的人会主动关心他人、积极解决问题，这样的人必然会在户外运动中收获更多的友情。

在沙漠中嬉戏的人群

增进同学感情

户外运动能让学生体验校园以外的文化氛围，打破师生、同学之间固有的相处模式。户外运动为学生提供了一个交流与展示的平台，在缓解学习压力、丰富课余生活的同时，还能加强班级之间的联系，有效促进同学之间的"线下交往"，增进彼此的感情。同时，学生参加户外运动，可以逐

在户外骑马的青年学生

渐养成主动与他人进行交流、沟通的习惯，并有效扩大学生的社交活动范围，进一步提升学生的社交自信。

增进同事感情

每到岁末年初，一些公司会利用年度工作结束的时机组织团建，以此增进团队成员间的情感交流。很多公司在招聘时，还特意标注"定期组织团建"，以彰显公司的福利。不过现实却是越来越多的员工开始反感这项活动。过于简单粗暴、缺少内涵，是团建的"致命伤"。团建是企业文化建设的重要一环，是传递企业的理念和精神，消除成员间陌生感，提高团队凝聚力，实现团队产出最大化的一种激励性活动。但一些公司将其简化成了占用休息时间开会、近乎极限运动的野外拉练、大型AA制聚餐、穿着整齐划一的衣服表演节目等，如此一轮尴尬的团建下来，不仅没有取得预期效果，反而让员工身心俱疲、满腹委屈。

团建要想发挥积极作用，就应该打破金字塔形层级界限，以员工为主体组织活动，在轻松的氛围中提高凝聚力。团建要让员工有平等感、参与感，而不是压迫感、屈辱感。户外

一起走进大自然的同事

运动就是一种很好的团建形式，它可以极大地缓解团队成员近期的工作压力，增进同事之间的情感联络，提升团队的精神面貌，增强集体凝聚力。

1.6 在放松中回望初心

1917年，新文化运动的主要阵地《新青年》发表了一篇名为《体育之研究》的文章。里面提到"善其身无过于体育"，认为体育能"强筋骨""增知识""调感情""强意志"。这位署名为"二十八画生"的作者，就是正在湖南第一师范学院读书的毛泽东。在学生时期，毛泽东游泳、爬山、跑步，坚持冷水浴、风浴、日光浴，持之以恒地锻炼，为他日后从事艰苦卓绝的革命工作打下了坚实的体魄基础，其卓越顽强、坚忍不拔的意志也在运动中得到磨炼。

"创业艰难百战多"，革命事业极其艰难，而和平时期的另一项事业同样也要历经百战——创办企业。没有健康的身体与坚强的意志，任何形式的创业都难免失败。所以，成功的企业家与革命家、政治家一样，都拥有出色的身体条件和精神素质。而这两样东西，都能从户外运动中获得。

让人流连忘返的山间云海

热爱户外运动的企业家有很多，例如微软创始人比尔·盖茨、Facebook（脸书）创始人马克·扎克伯格、甲骨文创始人拉里·埃里森等。经济学家研究认为，没有勇于承担风险的魄力，就很难成为成功的企业家，而徒步、登山、水上运动等户外运动，同样也需要参与者具备一定的冒险精神。

户外运动不仅能帮助企业家强身健体、磨炼意志，还能帮助其"不忘初心，牢记使命"。任何一家企业要保持长盛不衰并真正成为"百年老店"，负责"掌舵"的企业家就必须始终保持初心，始终坚持企业经营管理的高标准，不为市场上各种短期利益所诱惑。

在企业发展过程中，企业家会遇到很多困难，也会面临诸多诱惑，它们会让人思绪混乱、焦躁不安、迷失本心。此时，不妨去户外，给自己一个放空的机会，回来后，你往往就找到了答案。并不是说去户外让人变得更聪明，而是看待事物的角度发生了变化，问题还是那些问题，而你已不再是从前的那个你。

山间徒步让人心旷神怡

你把所有负面的情绪都宣泄出来，用最积极的心态面对世界，用心去爱这个世界，开始与自己的内心达成和解。

去户外，是自己与自己相处的方式。在户外，你会发现不同的自己：坚持的、烦躁的、拼搏的、懒惰的、绝望的、自信的、忐忑的、踏实的、虚荣的、坚忍的……有人说，户外的路上能够发现真实的自己。如同"飞人"博尔特所说："最终站在赛场上迎接众人目光的，只有自己。"

我们经常说环境影响人，这的确是有道理的。一个人总是处于狭小封闭的环境，其心胸也容易变得狭小，外界的琐碎很容易就将那个狭小封闭的空间填满，空间一旦被填满，人就会暴躁易怒，甚至像缺氧一般有胸闷、窒息的感觉。而户外是一个广阔无边的空间，一个人身处其间，心胸也会变得开阔起来。这个广阔的空间可以容纳很多琐碎，外界的琐碎放进去，就像泥牛入海，之前让人烦恼的事情，在大自然面前都变得渺小了。

对企业家这样的脑力劳动者来说，到空气清新的大自然中参加户外运动是一种最好的积极性休息方式。它能让紧张的大脑细胞得到放松，就像打开了阻碍想象力发展的闸门，各种各样创造性的思维会不断涌现。如此，企业家方能找回初心，汲取继续前行的力量，找准通往未来的方向。

巍峨的雪山让人感觉自己很渺小

1.7 时刻牢记"无痕山林"

随着户外运动的逐渐火爆，"无痕山林"（Leave No Trace，LNT）这一概念也日趋流行，逐渐成为户外爱好者的必修课。

20世纪60年代，美国户外露营呈爆炸式增长，很多人在亲近大自然的同时也在破坏大自然，让人感到十分痛心。人们开始关注公园、河流、荒野地区的承载能力并限制使用。到了70年代中期，美国林业署开始提倡"无痕旅游"（No Trace Travel，NTT），到90年代，这一概念正式归纳为"无痕山林"。

"无痕山林"旨在提醒人们在自然中活动时，关注并身体力行地保护与维护当地的生态环境。时至今日，"无痕山林"运动已经在全球范围内流行起来，其提倡的户外活动准则如下。

提前计划准备

任何户外活动都需要提前做好计划准备，了解当地有关环保方面的规章制度，对有可能发生的情况做充足的准备，并且根据所了解到的情况选择适用的装备。同时要充分了解活动区域的路线特征并据此预先设计行进路线和露营地。根据路线的实际情况计划所携带食品的数量，然后对食品进行简单的处理，将小包装袋的食品拆封后集中包装，尽可能减少垃圾的产生。总而言之，要做到：不盲目、不违规、不浪费、有准备。

在可耐受地面行进和露营

在户外活动中，很多人喜欢"抄近路"以缩短路程、节省体力，这样做是不可取的。LNT法则规定，无论何时何地都尽可能行走在现有步道上，不走捷径，不直上直下，团队在行进时只走一条单一的行进路线。在路况好同时背包又不算太重的情况下，可以考虑穿软底鞋，以减少对地面的冲击。

在非登山步道上徒步，要选择例如岩石裸露地或是碎石坡等能耐受人们踩踏的地方行走，在这样的区域，分散行走是减少对环境冲击的最佳选择。

在对环境冲击较大的露营活动中，露营地的选择非常重要。一般要求露营地选择在距离水源50米以上的位置，以排除污染物对水源的影响。在热门路线中，只在现存土壤坚硬、寸草不生的露营地上扎营，将露营地活动集中在已经受冲击的区域。如果是在一个人迹罕至的地方，要选择在一个从未使用的地点扎营，而不要选在受过轻微冲击的地点。如果是一个使用很频繁的露营地，地表被严重侵蚀而且树根外露，则应该选择其他地方扎营，让营地有"休息"的机会。

最适合扎营的地方是岩石、砾石地、沙地，因为它们可以耐受人类的踩踏，其次是干草地，而无法耐受人类冲击的是有丰富植被且地表覆盖树叶的森林地。当你离开一个原始地区的露营地时，应将被拉弯的小树扶直，将被压塌的小草弄得蓬松，把营钉所留下的洞填平。

妥善处理垃圾

"背上山的东西通通都要背下山"，这是一项重要的原则，保持露营地的原貌，体现了露营者基本的素质。

在处理食物垃圾时，不仅要在出发前尽量减少包装，也要尽量选择可重复使用的用具，计划合适的数量，避免浪费。在露营活动中，尽量少用清洁用品，切勿直接在水源中洗脸、刷牙、洗衣或洗菜，污水倒在离营地和水源50米以上、深25～30厘米的土坑中。对于食物残渣应该全部带走，即使是果核、果皮等一些可降解的物质也必须全部带走。

在露营活动中应修建临时厕所，挖坑掩埋排泄物。厕所的位置应选在离水源、营地和道路60米以外的地方，为避免二次污染，使用的卫生纸也应该尽量包装起来带走，不要掩埋或焚烧。

保持自然原貌

在进行露营活动时，要尽量穿着重量较轻、鞋底较平、质地较软的鞋，如凉鞋、拖鞋或是慢跑鞋，以减少对表面的破坏。遇到诸如文化遗址、历史建筑、人造雕塑等，在未经允许的情况下不要触碰，更不可踩踏。在建设营地的时候也要注意不要挖沟、不要改变溪流走向，在离开时把露营地恢复到可以吸引后来者的状态，避免后来者破坏别的地面。

野外用火

进行野外活动时尽量不要随意生火。因为生火对自然环境的冲击很大，同一地点多次生火之后，留下的痕迹就会变得越来越大，并且很长时间不会消失，营火对土壤造成的永久伤害可以深达10厘米。因此在户外活动中，要使用合适的炉灶做饭，穿足够御寒的衣服，使用帐篷，用一个质量好的睡袋保持温暖与干燥，而不要轻易生火。

在必须生火的情况下，首先要确定你所在的地方是否允许野外生火，是否处于防火季节，其次要尽量收集枯木当燃料而不是采伐活树，理想的燃料是比手腕细的树枝。生火地点要选在植被稀少的空旷地带，在木材全部燃尽以后将炭灰撒在草丛中。

在户外活动中，不提倡吸烟，因为烟蒂由醋酸纤维材料制成，不可降解，使用过的烟蒂还包含铅、汞、砷、丙酮、氯乙烯等有害物质。如果一定要吸烟，一定要远离队友，注意防范火灾，烟蒂也需要与垃圾一起集中带下山。

尊重野生动物

在户外活动中，应该尊重野生动物生存的习性与环境，与它们达到一种和平共处。要注意保护动物赖以生存的水源，无论你是否看到野生动物，都应该知道你的短暂造访对它们的影响是不可避免的，所以要尽量将不良影响降至最低。当扎营在离水源不远的地方时，尽量只来回水源一次，以减少对野生动物的干扰，尽量使用可折叠的水袋装水，而不要直接用锅往返装水。

同时，绝不给野生动物喂食。无论野生动物多么可爱，都不应该随意喂食，一旦失去生存的本领，对它们的伤害将是致命的。在露营地，要把所有的食物和吸引物放到安全的位置，以避免让当地的野生动物养成造访露营地的习惯。

考虑其他户外活动者

户外活动开始前应充分了解当地的风土人情，尊重当地的民族风俗，尊重他人的生活习惯。宿营区域的娱乐活动不要干扰到他人，把听觉以及视觉上的干扰降到最低，尽最大努力保持大自然以及露营地的宁静，因为这是大多数户外爱好者亲近大自然的原因。

第 2 章

拂历史尘埃
——徒步沙漠

在人们的印象中，沙漠的存在简直是"百害而无一利"，但沙漠在全球水循环方面发挥了一定的作用，并非一无是处。同时，沙漠地区是石油等矿产资源分布较多的区域，沙漠中的绿洲在维护地球生物多样性方面也发挥着重要的作用。本章主要针对沙漠的地理特征、动物类型、植被分布、传统民俗、适宜运动、生存技巧等知识进行介绍。

2.1 考古学家的乐居

2.1.1 沙漠的定义

沙漠主要是指地面完全被沙所覆盖、植物稀少、干旱缺水、空气干燥的荒芜地区。全世界陆地面积为1.62亿平方千米，占地球总面积的30.3%，其中约1/3（4800万平方千米）是干旱、半干旱荒漠地区，而且每年以约6万平方千米的速度扩大。如今沙漠面积已占陆地总面积的20%，还有43%的土地面临沙漠化的威胁。

所谓沙漠化，即植被破坏之后，地面失去覆盖，在干旱气候和大风作用下，绿色原野逐步变成沙漠的过程。土地沙漠化主要出现在干旱和半干旱区，形成沙漠的关键因素是气候，但是在沙漠的边缘地带，原生植被可能是草地，由于人为的因素导致沙化，这些人为的因素主要包括不合理的农垦、过度放牧和不合理的樵采等。

沙漠地域大多是沙滩或沙丘，沙下岩石也经常出现。有些沙漠是盐滩，完全没有草木。尽管沙漠地区的生存环境恶劣，但也并不像一般人以为的那样荒凉、无生命。沙漠中有长满植物的绿洲，也有多种多样的动物，有时还会有珍贵的矿床，近代也发现了很多石油储藏。由于沙漠少有居民，资源开发也比较容易。此外，沙漠还是考古学家的乐居，因为在那里可以找到很多人类的文物和更早的化石。

沙漠中的绿洲

沙漠城市迪拜

2.1.2 沙漠的分类

沙漠通常按照每年降水天数、总降水量、温度、湿度来分类。1953年，贝弗利尔·梅格斯把地球上的干燥地区分为三类：特干地区可以有12个月不下雨，干燥地区一年降水量低于250毫米，而半干地区降水量约为250～500毫米。特干和干燥地区称为沙漠，半干地区命名为干草原。不过，只达到干燥性标准的地区并非都是沙漠，如美国阿拉斯加州布鲁克斯岭的北山坡一年降水量低于250毫米，通常不算为沙漠。

沙漠也可以按它的典型气候类型来分类。另外，还有现在已经不属于干燥的地区的古代沙漠，和其他行星上的外星沙漠。

信风沙漠

信风是从副热带高压散发出来向赤道低压区辐合的风，来自陆地的信风越吹越热。很干的信风可吹散云层，使得更多太阳光晒热大地。撒哈拉沙漠是世界上最大的沙漠，其主要形成原因就是干热的信风（当地称为哈马丹风）的作用，白天气温可以达到57摄氏度。

撒哈拉沙漠

温带沙漠

温带沙漠，也称中纬度沙漠，主要分布在中纬度的内陆地区，即纬度30度～50度。北美洲西南部的索诺拉沙漠和我国的腾格里沙漠都属于中纬度沙漠。

雨影沙漠

雨影沙漠是在高山边上的沙漠。因为山太高，造成雨影效应，在山的背风坡一侧形成沙漠，如中东地区的朱迪亚沙漠。

索诺拉沙漠

沿海沙漠

沿海沙漠一般分布在北回归线和南回归线附近的大陆西岸，因寒流经过，降温降湿，冬天起很大的雾，遮住太阳。沿海沙漠形成的原因有：陆地影响、海洋影响和天气系统影响。南美洲的沿海沙漠——阿塔卡马沙漠，是世界上最干的沙漠，经常5～20年才会下一次超过1毫米的雨。

古代沙漠

地质考古学家发现地球的气候变

朱迪亚沙漠

化很多，在地质史上有些时段比现在干燥。12500年前，北纬30度到南纬30度的陆地约有10%的面积是沙漠。而在18000年前，这个区域的陆地约有50%是沙漠，包括现在的热带雨林。很多地方已经发现沙漠沉积的化石，最老的达到5亿年。美国的内布拉斯加沙丘是西半球最大的古代沙漠，它现在已经有500毫米的年均降水量，沙粒已经被植物稳住，但还是可以看到高达120米的沙丘。

外星沙漠

火星是太阳系中唯一发现有风力塑造地貌的非地球行星，上面有沙丘。如果只看干燥度，目前发现的外星天体几乎都由沙漠覆盖，毫无生命可言。

阿塔卡马沙漠　　　　　　　　　　　　　　　内布拉斯加沙丘

2.1.3　沙漠的特点

沙漠环境与高原环境一样，是一种特殊的环境形态，其主要特点是地温高、温差大，多大风、多尘土，日照强、湿度低等。

地温高、温差大

地温高、温差大是沙漠环境的一大特点。由于沙漠地区云量少、日照强、降水稀少、空气湿度小、缺乏植被覆盖，沙漠边缘地区的夏季最高气温经常超过40摄氏度，地表在强太阳辐射下低层空气增温加剧。如吐鲁番地表最高温度可达76摄氏度，沙漠边缘地区地表温度大都为70摄氏度左右，沙漠腹地的地表温度可达75摄氏度。沙漠地区夜间天空无云，地面辐射强、散热快，气温日夜变化剧烈，最大日温差超过35摄氏度，比同纬度地区几乎高出一倍。

多大风、多尘土

多大风、多尘土是沙漠环境的另一大特点。沙漠是多大风的地区，一年之中风速大于12米/秒的日数平均达60~86日，且集中于春夏季，其间大风日数占全年大风日数的70%~74%，最大风速可达40米/秒。沙漠地区以细沙为主，如塔里木盆地中部地区地表沙源的粒度特征，沙样的平均粒径集中在63~250微米范围内，属细沙、极细沙。由于沙粒细小、量大，当风速大于5米/秒时就能把细沙吹起，形成沙暴、扬沙和浮尘天气。

日照强、湿度低

日照强、湿度低也是沙漠环境的一大特点。沙漠地区经常无云、日照强，太阳的年总辐射量为6000～6200兆焦/平方米，比同纬度地区高10%以上。沙漠多风、气温高、相对湿度小，因此蒸发力非常旺盛。如塔克拉玛干沙漠和吐哈盆地（吐鲁番盆地和哈密盆地的统称）是我国降水最少、最干旱的地区，全区年降水量普遍在5毫米以下，而年蒸发量达3000毫米以上；同时由于降水量稀少，全年相对湿度很低，区内相对湿度多为40%～55%，不少地方相对湿度在30%左右。

沙漠中日照强

沙漠中被大风激起的尘土

国外主要沙漠

名称	位置	面积/万平方千米	说　明
撒哈拉沙漠	非洲	940	世界上最大的沙漠
阿拉伯沙漠	亚洲	233	占据阿拉伯半岛的大部分区域的沙漠
利比亚沙漠	非洲	176	位于利比亚东部和埃及西部，部分伸入苏丹西北部
澳大利亚沙漠	大洋洲	155	位于澳大利亚西南部
戈壁沙漠	亚洲	130	世界上最靠北的沙漠
巴塔哥尼亚沙漠	南美洲	67	占据了阿根廷约1/4的国土面积
鲁卜哈利沙漠	亚洲	65	鲁卜哈利在阿拉伯语的意思为"空旷的四分之一"，覆盖了整个沙特阿拉伯地区以及大部分的阿曼、阿联酋和也门领土
卡拉哈里沙漠	非洲	63	位于非洲南部内陆干燥区
大沙沙漠	大洋洲	28	位于澳大利亚西北部，大致呈东南走向

2.1.4 中国的沙漠

我国是世界上沙漠面积较大、分布较广、沙漠化危害严重的国家之一。我国沙漠总面积约70万平方千米，如果加上50多万平方千米的戈壁，总面积为120多万平方千米，占全国陆地总面积的13%。我国西北干旱区是沙漠最为集中的地区，约占全国沙漠总面积的80%。主要沙漠自西向东有塔克拉玛干沙漠、古尔班通古特沙漠、库姆塔格沙漠、柴达木盆地沙漠、巴丹吉林沙漠、腾格里沙漠、乌兰布和沙漠、库布齐沙漠等。

塔克拉玛干沙漠

中国主要沙漠

名称	所在省（自治区）	面积/万平方千米	说明
塔克拉玛干沙漠	新疆	33	我国最大的沙漠，世界十大沙漠之一
古尔班通古特沙漠	新疆	4.88	我国第二大沙漠
巴丹吉林沙漠	内蒙古	4.43	我国第三大沙漠
腾格里沙漠	内蒙古、甘肃	4.3	腾格里在蒙古语的意思是"天"
柴达木盆地沙漠	青海	3.49	我国海拔最高的沙漠
库姆塔格沙漠	新疆、甘肃	2.29	库姆塔格在维吾尔语的意思是"沙山"
库布齐沙漠	内蒙古	1.86	距离北京最近的沙漠
乌兰布和沙漠	内蒙古	1.15	乌兰布和在蒙古语的意思是"红色公牛"

2.2 身怀绝技的沙漠动物

2.2.1 动物概览

沙漠地带动物群种类和数量均贫乏，脊椎动物中以啮齿类和有蹄类为主；

鸟类稀少，以地栖种类为多；爬行类动物中特别适合沙漠环境的蜥蜴等种类较多；两栖类动物的种类和数量极少。

沙漠动物群具有对干旱的适应性，如许多小型动物（包括昆虫）可从食物中通过分子转换取得水分，并能形成一系列减少水分耗失的适应机制；昆虫、爬行类动物、鸟类和啮齿类动物有夏眠习性，降水时才苏醒；有蹄类动物（如骆驼）不仅耐渴、耐饥，还具有远距离寻找水源的能力。

沙漠动物群还具有对开阔景观的适应性，大、中型动物具有迅速奔跑或跳跃的能力，如野驴、鹅喉羚、羚羊、更格卢鼠；啮齿类、爬行类动物和许多昆虫则挖掘洞穴生活，如沙鼠和跳鼠；小型食肉兽和鸟类常利用啮齿类动物的废洞生活；北美洲西部的巨仙人掌粗茎是荒漠鸟类挖洞筑巢的地方；沙地生活的动物可迅速遁入沙层以逃避敌人追击，如北美洲科罗拉多荒漠的鬣蜥、中亚的沙蜥等。

沙鼠

沙漠动物群具有与周围环境一致的沙土色，如沙鼠、跳鼠等。同时还是有对高温的适应性，如多数沙漠动物具有夏眠和夜出习性。因晨昏与夜间温度较低，相对湿度较大，它们（例如亚非两洲的沙鼠、跳鼠和美洲的更格卢鼠）均在这些时段活动。

鬣蜥

沙蜥

2.2.2　沙漠之舟

一说起沙漠，人们自然就会联想起骆驼，因为骆驼具有在干旱恶劣环境下生存的能力，以及在沙漠里长途跋涉的特殊本领，所以凡生活在沙漠和戈壁地区的人无不对它赞誉有加，称其为"沙漠之舟"。确实，自古以来，在传播中西方经济、文化的悠悠古道上，骆驼就发挥了举足轻重的作用。

骆驼之所以能够适应恶劣的沙漠环境，主要是因为它的生理特性。第一，骆驼一般不出汗，因而它的血液中的水分保持良好，不容易脱水，血液循环好。第二，骆驼全身有细密而柔软的绒毛，既可保温，又可防暑。虽然骆驼每年夏季都要脱毛，但仍会保留一层较厚的绒毛来抵御太阳的暴晒，气温再高，毛层下的温度也不会超过40摄氏度。第三，骆驼有全是脂肪的驼峰，它可以帮助骆驼调节体温，冬天保温，夏天隔热。第四，骆驼自身的耗水很少，一般情况下，骆驼轻易不开口呼吸，甚至在最热的天气，它的呼吸频率也只有16次/分钟，凉爽的时候每分钟的呼吸只有8次，这样就不会消耗太多的水分。由于骆驼的鼻内有很多极细而曲折的管道，平时管道被液体湿润着，当体内缺水时，管道立即停止分泌液体，并在管道表面结出一层硬皮，用它吸收呼出的水分而不致散失体外。在吸气时，硬皮内的水分又可被送回体内。水分如此在体内反复循环被利用，故能耐渴。

骆驼能够反刍，即可以反复咀嚼它胃里的食物，在没有食物的时候也不至于挨饿。而且它还有预报大风的本领。据《北史》记载："且末西北有流沙数百里，夏日有热风为行旅之患。风之所至，唯老驼预知之，即嗔而聚立，埋其口鼻于沙中，人每以为候，亦即将毡拥蔽鼻口。其风迅驰，斯须过尽，若不防者，必至危毙。"

骆驼的消化功能也很好，不挑食物，戈壁滩上的骆驼刺、苦艾、假木贼、羽毛草等，都是它所喜爱的。骆驼一次可将100升水一饮而尽，然后几天滴水不进也没关系。即使在沙漠、戈壁碰到苦涩的咸水，它也可毫不在意地豪饮。每次在出行前，骆驼主人都要喂它一些盐，这样可以让它多喝一些水，存储在它的身体里，从而增加它耐渴的能力。

骆驼除了以上的特长以外，它的嗅觉还十分灵敏，如果在行进中嗅到远处有水的气味，它会高昂起头颅，贪婪地嗅个够，然后义无反顾地大踏步向那里奔去。《本草纲目》称骆驼"能识泉脉、水脉、风候，凡伏流，人所不知，驼以足踏虚即得之。"

小知识

骆驼以驼峰著名，但是它的驼峰并不是用来存储水的，与人们想象的不同，驼峰利用另一种方法达到相同的目的。骆驼的驼峰是脂肪组织的聚集，而水则存储在血液中。但是当这些脂肪组织发生转换时，骆驼不仅可以得到能量，并且通过与氧气的反应，每1000克脂肪可以转换成1111克水。

单峰驼及其幼崽

双峰驼

在沙漠中吃草的骆驼

沙漠中的驼队

2.3 扎根大漠的坚韧植物

　　沙漠温差大、雨水少、土壤贫瘠，但也不是寸草不生。沙漠环境确实不利于植物生长，但依然生长着很多坚韧不拔的植物。世界最大的撒哈拉沙漠中就有1200多种植物。我国沙漠植物的主要品类有肉苁蓉、大犀角、芦荟、梭梭树、蒙古沙冬青、管花苁蓉、绿之铃、金琥、红皮沙拐枣、生石花、中间锦鸡儿、盐生苁蓉、仙人掌等。

　　由于沙漠地区气候干燥，冷热变化剧烈，风大沙多，日照强烈，生长在这种环境中的植物，为了减少蒸腾耗水量和光合作用耗水量，其叶片面积大大缩小，有的甚至完全退化。如仙人掌的叶子完全变成针刺状，红沙茎枝上的小叶退化成圆柱形，梭梭树和红柳的叶子成了鳞片状。鳞片状叶子可以减少蒸腾耗水，肉质状的叶子可以储存大量的水分，那些白色的绒毛可以保护叶子免受高温和强光的威胁。而胡杨的叶子更为奇特，一棵树上就有40多种叶形，甚至同一枝条上就长了5种不同形状的叶子。这些千姿百态的叶子形状，对于适应沙漠干旱酷热的环境相当有利。

受到水分及营养物质缺乏、风大、日照强烈等因素的影响，沙漠植物地上部分的生长受到限制，很多植株都较为低矮，有些植物的枝条硬化，如木旋花、骆驼刺。有的茎枝上长了一层光滑的白色蜡皮，如沙拐枣、白刺等，这种蜡皮能够反射光线，以避免植物体温度升高所带来的蒸腾过旺。沙生植物因为叶子退化，只能靠绿色的枝条进行光合作用，如梭梭树、花棒等。

沙漠中生长的植物能够耐受沙暴沙埋，如红柳、沙蒿等植物的枝干被沙埋后能够生出不定根来阻拦流沙。白刺分枝密集，匍匐丛生，枝干沙埋后易发不定根，拦阻流沙能力很强，常形成高2~3米的沙堆，是优良的防沙固沙植物。

多种多样的仙人掌科植物

小知识

仙人掌有"沙漠英雄花"的美名，它在干旱的沙漠中生存，有着惊人的忍受干旱的能力，这是因为它有特殊的储存水分的本领。它的叶子退化成针刺状，可大大减少水分蒸发。

我国的沙漠里不仅有大众熟知的仙人掌，还有人工种下的成片梭梭树以及被誉为"沙漠人参"的肉苁蓉。

肉苁蓉是古地中海残遗植物，对于研究亚洲中部荒漠植物区系具有一定的科学价值。肉苁蓉是高大草本植物，高40～160厘米，大部分地下生。它一般生长在轻度盐渍化的松软沙地上，喜欢气候干旱、降水量少、日照时数少、昼夜温差大的生长环境。与其他沙漠植物不同，肉苁蓉需要寄生在其他植物的根部，例如梭梭树、白梭梭树等。这导致野生的肉苁蓉比其他沙漠植物更难生存。

肉苁蓉是一味传统的名贵中药，有极高的药用价值。从20世纪80年代开始，国内外对肉苁蓉的成分进行了大量研究。随着分离提取和检测技术的飞速发展，已分离出多种类型的物质，主要可分为苯乙醇苷类、环烯醚萜类、木脂素类、多糖、十几种氨基酸、多种生物碱等，富含人体所需微量元素，其中苯乙醇总苷是肉苁蓉中主要活性成分，具有提高男性性功能、治疗女性宫寒不孕、抗氧化、抗衰老、提高免疫力、增强记忆力等功能。

肉苁蓉

由于肉苁蓉被不法分子大量采挖，其数量急剧减少，目前已经被列为国家二级保护野生植物。据调查，每千株寄生植物梭梭树中，仅有7株肉苁蓉。又因梭梭树是骆驼的优良饲料和当地群众的燃料，因此过度放牧和大量砍挖梭梭树，也促使肉苁蓉处于濒危的境地。目前，仅在巴丹吉林沙漠还有少量野生肉苁蓉分布。

2.4 另类的沙漠户外运动

2.4.1 骑骆驼

骑骆驼是很多人在沙漠游玩时必不可少的体验项目，因为骆驼有着"沙漠之舟"的美称和可爱的外形，在驼背上随着骆驼一起一伏的脚步欣赏无垠的沙漠是一种美好的体验。

主要作用

骑骆驼是一项新奇有趣的体验，当驼队走在连绵起伏的沙丘上时，大风掀起黄沙，黄沙随风起舞，可以让人领略到大漠的壮美。由于骆驼身形高大，人骑在驼背上的视野非常开阔，与徒步时看到的风景截然不同。

推荐装备

骑骆驼需要准备遮阳帽、墨镜、防晒衣、运动鞋、防晒霜、饮用水等。

实用技巧

景区中供游客骑乘的骆驼通常是一头一头用绳子连在一起的，6～12头骆驼排成一队走在沙漠中。骑马时，人直接跨上站立状态的马匹，骑骆驼时则需要骆驼跪伏在地。如果是连在一起的驼队，游客要从最后一头骆驼开始骑，当所有人都骑上骆驼时，驯养人才会让头驼起身，紧跟在后面的骆驼看着前面的骆驼起身了，也会随之起身。

上下骆驼时要左上左下，尽可能不做大幅度动作。骆驼的驼峰中间一般都会有像马鞍一样的驼鞍，游客用手抓住驼鞍上的把手，用左脚踩住脚蹬，右脚用力跨过驼峰，这样就可以骑上去了。在驼鞍上坐好后，要将背部挺直，双脚放在脚蹬里面，抓紧前面的驼鞍。骑行途中应扶稳驼鞍，踩稳脚蹬，不要大喊大叫，手里尽量不要拿东西，帽子要戴紧，不要在骆驼上交换物品。

注意事项

进入驼场内必须听从驼队工作人员的指挥安排，勿擅自靠近骆驼。在骆驼前不要大喊大叫，虽然骆驼是一种很温顺的动物，但是大喊大叫可能会吓着骆驼。不要长时间对着骆驼用手机拍照，特别注意不要开闪光灯，这样也有可能会使骆驼受到惊吓。

跪伏在地的骆驼　　　　　　　　　　　　　行进中的驼队

2.4.2　滑沙

滑沙，即乘坐滑板从高高的沙丘顶端自然下滑，滑板用木板、竹子、塑料等材料制成。滑沙是继滑冰、滑水、滑雪、滑草之后的一项新兴运动，它使户外运动爱好者在运动的同时又能领略到沙漠的绮丽风光。

主要作用

滑沙运动类似滑雪和旱地雪橇，需要勇气和胆量。对于滑沙爱好者来说，沙漠是有趣且令人向往的，置身沙漠之中，不仅能欣赏到"大漠孤烟直"的美景，还能体验滑沙的刺激感与喜悦感，享受大自然带给人类的舒适与美好。

推荐装备

滑沙需要准备滑板、连体服、护目镜、手套、防晒霜、饮用水等。

实用技巧

首先爬到沙丘的顶端，选择一个斜坡，然后趴在滑板上，再用双手拨动沙子，使滑板获得向下的动力。当开始下滑时，重心要放在后面，同时微微提高双腿，避免腿部磨伤。当然，也可以采用坐姿、跪姿或站姿。

注意事项

避免在中午参加滑沙运动，因为此时沙子的温度非常高。当不小心翻倒时，因为沙子是软的，所以只要尽量保持身体放松，翻滚几圈后自然会停下来。

趴姿滑沙　　　　　　　　　　　　　　　　站姿滑沙

2.4.3　沙漠越野

沙漠是许多越野爱好者都想体验的一种地形，那里广阔无垠，没有道路，又处处是道路。不过沙漠本身也隐藏着危险，流动的沙丘、松软的沙子，都是需要越野爱好者特别注意的危险。

主要作用

浩瀚的沙海中，越野车如乘风破浪般上下穿梭，这种极限的感受是每个越野爱好者都难以抗拒的。酣畅淋漓的沙漠驰骋，带给人们挑战和刺激，增添了勇敢面对挑战的自信，也是这项运动的魅力所在。

推荐装备

沙漠越野需要准备四驱越野车、个人GPS定位仪、防沙板、充气泵、胎压表、铁锹、拖车绳、拖车卸扣、旗杆、猴爬杆、随车工具（扳手、螺丝刀等）等。

实用技巧

进入沙漠前将轮胎适量放气，将胎压降至1.0巴（1巴=100000帕）左右，这样可以加大轮胎与地面的接触面积，提升车辆在沙漠中的通过性。起步时应当慢速，根据车辆启动的速度慢慢给油，逐步地提升车速。如果加大油门、猛松离合器或高转速起步会使车辆陷沙，甚至会导致离合器烧坏或半轴断裂等事故的连续发生。如果第一次起步没成功，则不要继续第二次起步，否则轮胎会非常容易"挖坑"，千万不要原地大油门"挠"沙子，这样只会越陷越深。

沙漠中行驶遇到需要停车的情况时，停车位置的选择是非常关键的，应尽量找斜坡，车头朝下停放。避免大力刹停，以免在前轮前面形成沙堆，影响起步。车头冲着下坡的方向，车辆再次起步时就可以利用重力让起步变得更容易。

超过两辆车在沙漠中行进时，后车在跟随前车时要保持"跟远不跟近"的关系。假如前车在沙梁上停下来选择行车路线，后车如果跟得太近，要么就会被迫停在上坡位置，造成陷车，要么会因为沙梁阻挡视线而撞到前车，所以后车与前车之间保持至少一个沙丘的距离，更利于沙漠行车安全。

注意事项

沙漠中行驶，路线的选择是十分关键的，因为在高处可以根据地形更合理地规划车辆行进线路，所以在行车路线选择时要走高不走低。在沙漠中下坡时要踩住刹车踏板慢慢往下行驶，千万不要什么都不做任其自由向下滑移。长距离下坡时，应用1～3挡低挡位控制车速，避免长时间踩刹踏板车造成刹车失灵。行驶过程中，要注意保护生态环境，避开沙漠中的动植物。

翻越沙丘的车队　　　　　　　　　　　　在沙漠中行驶的越野车

2.5 沙漠生存技巧

2.5.1　主要的生存难题

茫茫沙漠神秘莫测，既令人畏惧，又令人向往，人们总想深入沙海一探究竟。然而，沙漠的环境非常恶劣，想要在沙漠中生存下来绝非易事，会遇到以下意想不到的难题。

① 干旱缺水，包括饮用水和其他生活用水。

② 动植物稀少，不易获取食物，也不易找到庇护所。

③ 缺少可以辨识方向的物体，容易迷路。

④ 沙地松软，行走不便，行车也很费力。

⑤ 日照时间长，紫外线强，容易晒伤，或出现热痉挛、热虚脱、中暑等热伤害事故。

⑥ 无线电以及其他敏感设备容易发生故障。

⑦ 沙子上的闪光会使眼睛疲劳，飞扬的细沙可能会刺痛人的眼睛，并引起发炎、红肿。

⑧ 昼夜温差大，极易受凉患病。

⑨ 可能遇到流沙，即使是富有经验的沙漠向导也很难辨认这种危险的陷阱。

⑩ 植被稀少，容易遭遇沙尘暴等强风沙天气。

⑪ 沙漠中有不少危险的动物，包括毒蛇、毒蝎、毒蜂、狼等。

⑫ 沙漠中光秃秃的地面绵延不绝，会使人意志消沉。

烈日照射下的沙漠

2.5.2　必要的求生装备

《论语》有云：工欲善其事，必先利其器。如果你想在沙漠中挑战自我、磨炼意志，就必须做好前期准备工作。只有提前将各种装备准备齐全，才能从容应对恶劣的沙漠环境，保证自己的人身安全。

沙漠衣物

名称	说明
遮阳帽	选择全方位防护的帽子，最好是宽檐帽，并带有面罩和护颈布
头巾	功能与遮阳帽相同，适合不习惯长时间戴帽子的人，至少准备两条
护目镜	防风，防沙，防紫外线
速干T恤	基础层上衣，宜深色，能更好地阻挡紫外线
抓绒衣	中间层上衣，夜间气温较低时穿
抓绒裤	中间层裤子，夜间气温较低时穿
冲锋衣	外层衣服，风大或有雨时穿
皮肤衣	外层衣服，晴天穿，宜白色或浅色
速干裤	气温较高或运动量较大时穿
冲锋裤	风大或有雨时穿
徒步鞋	皮革面或者帆布面结构，严禁穿矮帮、网眼结构的徒步鞋
拖鞋	在营地休息时穿，也可选择其他轻便、宽松的鞋
袜子	较厚的羊毛徒步袜为佳，准备4双左右
雪套	防止沙子灌入鞋内
手套	半指手套，防止登山杖等磨手

沙漠生存基础装备

名称	说明
帐篷	防风、防沙、耐磨损，配备沙钉、雪钉或者V形钉
睡袋	根据季节选择不同温标的睡袋，首选羽绒睡袋，轻便暖和
防潮垫	夜间露营时使用，具有防硌、防潮、保暖的作用
随身背包	舒适的一日户外徒步背包，容量在30升左右，能装下很多非随车物品
随车背包	放在保障车上，容量在50升左右，用于收纳夜间使用的日用品、备用的衣物等
多功能铲	具有铲、镐、锄、锯、切、砍等功能

续表

名称	说明
登山杖	选择外锁登山杖，并配上雪托，减小压强
头灯	个人夜间照明
营地灯	营地夜间照明
密封袋	保护照相机、摄像机、手机等精密工具免受风沙侵害
水袋	保温隔热
火种	随身携带火种，一旦失踪可以找沙生植物，将其点燃发出烟雾信号
便携式餐具	碗、筷子及汤勺等
救生哨	遇到危险时求救

沙漠生存急救装备

名称	说明
防晒霜	防止晒伤
润唇膏	防止嘴唇干裂
漱口水	保持口腔干净清新
湿纸巾	快速清洁和消毒
驱蚊水	防止蚊虫叮咬
爽身粉	涂抹在运动时经常被摩擦的身体部位
创口贴	用于压迫止血、保护创面、预防感染、促进愈合。它与创可贴的主要区别是不含药物、具有透气性
常用药品	感冒药、止泻药、消炎药、眼药水，以及治疗中毒、中暑和晒伤等病症的药品
零食	坚果、巧克力、能量棒等，以方便食用、不费水、不易变质、高热量为原则

沙漠生存可选装备

名称	说明
晕车贴	晕车者使用
暖宝宝	畏寒者在夜间休息时使用
眼罩和耳塞	帮助睡眠
充电宝	防止手机断电
电子产品及配件	手机、照相机、摄像机、耳机、备用数据线、备用内存卡、备用电池等
望远镜	方便找人，以及观察地形和天气等
GPS手持机	防止迷路，也可选择指南针
卫星电话	在无手机信号的地区配备
小圆镜	发送光反射信号
个人洗漱用品	毛巾、牙膏、牙刷等
便携椅	可以折叠，携带方便
便携式炊具	防止与保障车失联后无法烹饪
车辆救援工具	拖车绳、U扣、轮胎充气泵、绞盘、补胎工具、防沙板等

2.5.3　科学的装包原则

在沙漠中活动，背包装填不当会影响背包使用的方便性和舒适性，或造成重心偏移和背包损坏。因此，背包装填并非将所有物品塞进背包即可，而是要背得舒服、走得愉快。装填时除了先将各种物品依用途分类外，还要注意两点，一是左右平衡、重心稳固，二是存取方便。具体来说，科学的装包原则如下。

① 在装包前一定要放松背包上的外挂带和收缩带，让背包内的空间充分施展开。装满物品后一定要收紧收缩带，以固定包中物品。

② 较重的物品放在中上部且尽量靠近背部，可使重心紧靠背部，以免有被后拉的感觉。体积大、重量轻的物品可以放在最底下，这样不影响重心；另外由于重物压在上面，所以使用一段时间后背包会较为密实。

③ 坚硬物品不要放在贴背的部位，否则会直接顶到背部，导致不舒服甚至跌倒时会伤到背部，或因坚硬的物品与背架仅隔一层背包布，很容易把背包布磨破。

④ 背包左右放置的物品重量应该相近，以免重心偏移。雨衣、饮用水及当日

使用的物品应该放在最上面或最容易取得的地方。

⑤ 男女背包在装包时是有区别的。因为大多数男性上半身躯干较长，而女性上半身躯干较短但腿较长，所以装填时对于男性，重物放高些，因为男性的重心位置接近胸腔；对于女性，重心略低些，位置接近腹部，重的物品尽量贴紧背部，让重心位置高于腰部。

⑥ 要有使用物品分类袋的观念。将同类物品或同时使用的物品放在同一袋中以方便取用，零散的小物品更该如此。

⑦ 养成定点放置的习惯，这样不但整理背包较快，且在黑暗的环境中也能找到想要的物品。

⑧ 尝试改变装填方式，尽量减少不必要的背包外吊挂，这不但会影响行动安全且不美观。

⑨ 如果背包面料较薄或外挂用品较多，应尽量使用背包罩来保护装备和包体。

背包的沙漠徒步者

2.5.4 正确地判断方向

沙漠环境变幻莫测，难以找到确定方向的参照物，人类行走在其中很容易迷失方向，最终可能因为饥渴而葬身沙海。有人认为在沙漠中迷失方向后只要一直走直线就能走出去，这种想法是大错特错的。在茫茫沙漠里，遍布沙丘、沙山，保持直线行走是很困难的。因为沙漠中四处是沙子，稍不注意就会陷进沙子里，而且在沙漠里行走都是一深一浅，两腿之间的力量难以平衡。所以即便你闭着眼睛朝着心中的直线方向走，实际上走的还是曲线。

正确地判断方向是沙漠徒步的先决条件。没有沙漠生存经验的人，一定要找好向导，不要莽撞前行。好的向导有着丰富的沙漠生存经验，对当地沙漠的环境也很熟悉，不仅能让你少走弯路，还能在危急时刻带你走出困境。如有条件，还可以带上几匹骆驼，它们不仅能帮助队伍驮载装备，同时也是称职的"沙漠向导"。

骆驼是称职的"沙漠向导"

即便有向导和骆驼，也需要掌握在沙漠中判断方向的方法，以备不时之需。用罗盘和地图标定方向是早期沙漠徒步时常用的方法。这种方法首先需要知道自身所处的位置，根据地图标定目标地区的位置和方位角，然后根据罗盘所指的方位角行进。由于沙漠中不可能沿直线行走，采用这种方法时要不断地校正方位，否则很难到达预定目标。

手持式卫星定位导航仪

在长距离沙漠徒步时，准确到达目的地或在茫茫沙漠中找到预投的补给品是非常困难的。20世纪80年代后期，全球定位系统（GPS）在民间的普及，将在沙漠中迷途的可能性降到了最低，目前所有的沙漠徒步队伍几乎都会使用卫星定位导航仪。

除了这些高科技产品外，在沙漠中还可以通过一些自然特征判定方向。有经验的人会利用太阳或者月亮来判断方位，但是这个方法需要注意时间。时间不同，太阳或是月亮的位置也是不一样的。

风是塑造沙漠地面形态的重要因素。在我国西北地区，由于盛行西北风，沙丘一般形成东南走向，沙丘西北面是迎风面，坡度较小、沙质较硬；东南面背风，坡度大、沙质松软。另外，沙漠中的植物，如红柳、梭梭柴、骆驼刺等都向东南方向倾斜。

需要注意的是，上述内容只是沙漠地区的一般特点，风向还因地区的不同而异，沙丘的走向也有所不同，要想得出正确的判断，必须事先掌握目标地区的气象和地貌情况。

向特定方向倾斜的沙漠植物

2.5.5 省力的行走方式

两点之间直线最短，是一条被证明的几何定理。但是，几何定理和现实生活毕竟相差太远。没有人喜欢走弯路，所有的人都在寻找两点间那条直路，而现实是，大多数时候都没有捷径可走，在沙漠中行走尤其如此。

一望无际的沙海，并不是一马平川。在沙漠中会遇到许多大的沙丘或沙山，一定要绕过去，切忌直越陡坡。要避开背风面松软的沙地，尽量在迎风面和沙脊上行走，因为迎风面受风蚀作用，被压得很实，比较硬，在上面行走比较容易，也省力气；而背风面主要是风积形成的，比较松散，在上面行走，陷入较深，比较消耗体力。如果有驼队的话，踏着骆驼的蹄印走，可以节省很多体力。

如果非要翻越沙丘，可以适当选择较缓的坡上去，但也不要为了绕过一个沙丘而走得很远。坡度过大时，可用鞋尖踢沙行走，将自己的鞋踢进沙里。生活中沙漠地带的人经常采用这种方法，但他们穿的是平底布鞋，踢进去很容易。如果穿的是大头鞋，难度就大一些，也不适合长时间踢。这时要用侧身走的方式，用鞋底的外侧或内侧切进沙里行走，重心也在鞋底的外（内）侧，比较省力。针对过于陡峭的坡，可以走"之"字形。

在沙丘上行走的徒步者

负重在沙漠中行走，上下翻越松软的沙丘，对膝盖构成很大的压力，很容易造成损伤。为了给双腿减轻承重，用带大雪托的双杖辅助行走会起到事半功倍的效果，尤其是上坡，会为双腿分担至少1/4的承载力，延缓身体疲劳，也可以提高行进速度。

沙漠徒步者留下的脚印

在上坡路段行走时，最好选择前面人的脚印走，因为脚印下的沙子已经被踩实，与走在台阶上差不多，利用手杖的支撑，可以很轻松地翻越沙丘；在平缓的地方行走时，则不要跟着前面的脚印走，最好在偏离十几厘米的没有经过踩踏的地方走。当然，队伍人数较多时，为了防止队伍拉得过长，也不必强求这一点。

除了科学的行走方式外，严格控制行走速度和定时休息也是顺利到达目的地的关键，沙漠负重穿越行走每40分钟休息3～5分钟为宜，要严格控制休息时间和行走时间，时速掌握在

正在休息的沙漠徒步者

2.5～3千米。若白天行走时间有限，则应增加夜晚的行走时间，在没有足够强的月光下，开路人可利用强光手电探清前方行走路线，后面的队员利用头灯根据前方脚印行走。

2.5.6 可靠的避身场所

搭设露营帐篷

沙漠地域广阔，多数户外活动需要的时间都不止一天，所以露营是少不了的。在沙漠中露营，首先要确定搭设帐篷的地点，依照顺序，由4人共同作业，不需花费多少时间，即可设好。为考虑帐篷撤收时的状况，把最初搭配的情况记下，会比较方便。

帐篷有各种不同的种类，同时也有不同的制作、搭配设计和组合方式。小型帐篷、A型帐篷、墙壁型帐篷是使用缆绳搭设的"搭设帐篷"，而弹头型帐篷和小屋型帐篷则是属于"组合帐篷"。在各类帐篷中，墙壁型帐篷是从古至今使用最广泛的一种，其搭设方法如下。

① 地点的决定。在考虑风向及地形后，选择一块平坦之地。一般来说，沙漠露营的营地尽量选在背风处，往往是在沙丘之中的平地上，尤其是夏季。营地不宜扎在红柳、胡杨树等植物附近，因为在有植物的地方，往往寄生着一些有毒的虫子，如在塔克拉玛干沙漠中，有一种塔里木蜱，通常生活在红柳和胡杨树下，这种蜱虫携带一种病毒，人一旦被咬，往往会引发一种致命的病（塔里木出血热），在十几小时内便会死亡。

② 帐篷用具的检查。将袋中收藏的用品倒出，逐一检查各部分零件。为了撤收帐篷时方便和不遗漏东西，应先予以记录。

③ 铺设地面垫。地面垫铺好后，用钉子将四个角固定。若在湿气多的地方，要先铺上防潮垫。

④ 竖起支柱，拉开主绳。将支柱下方穿入地面垫两端的孔中，同时，支柱上部的尖端穿入布幕横梁两端的孔中，将左右主绳拉起，避免左右倾斜。这样，帐篷的主体外形就形成了。

⑤ 调整主绳，拉起角绳、腰绳。以附于主绳的支绳，调整帐篷的形状，将两根支柱垂直立于地面。再以支绳调整角绳、腰绳，使帐篷的形态出现。

⑥ 固定墙壁。将帐篷底布、地面垫及墙壁下部连接起来。

以上为墙壁型帐篷的搭设顺序，4人分工合作，在熟练的状态下，10~15分钟就可以完成。

通常，为减少风雨及暴晒、严寒的影响，都会再加上屋顶盖。在步骤④中，将支柱插入横梁两端的孔时，先加上屋顶盖，再把主绳拉上，主绳以钉子固定后，以屋顶的横梁的端点为顶点，形成等边三角形的两边，将底边的长度拉成与支柱相等的长度。从屋顶正上方看，角绳应在对角线的延长线上，腰绳则与角绳并排成一条直线。

因为沙漠里会有越野车夜晚穿越，所以一定要配置明亮的营地灯，或者在附近插入高高的旗杆，防止越野车翻越沙丘后，因看不到营地而造成事故。

　　在冬季，沙漠里通常没有大风，也没有咬人的毒虫，露营地点的选择也比较随意。冬季的夜晚非常寒冷，即使用双层帐篷，帐内也会结很厚的霜。在沙漠中有许多枯死的树木，在寒冷的季节也可自己动手打造"火炕"，也就是挖一席之地，在上面烧火，然后用沙子掩埋，人睡在烧热的沙子上。

搭建完成的帐篷群

被营地灯包围的帐篷

天然避身场所

　　如果你不幸与队伍走散，并且没有携带帐篷，则需要寻找天然避身场所。在沙漠这样的极端环境下，寻找避身场所的重要性不亚于寻找食物和水源。避身场所可以保护你，使你免受阳光曝晒和风吹雨淋，免受昆虫侵扰和野兽袭击。更重要的是，避身场所还可以给你安全感，帮助你维持求生意志。

　　大自然中有许多天然的避身之所，例如洞穴、岩间裂缝、灌木丛、小型的凹陷处、处于下风的山脚处的大岩石、树枝生得较矮的大树以及枝叶浓密的倒下的树木。与其他地区相比，沙漠中树木、岩石和洞穴都很少见，所以寻找和搭建天然避身场所的难度相对较大。

　　在沙漠中，如果没有天然的洞穴、岩间裂缝，除了要考虑搭建避身场所需要的时间和精力外，还要考虑需要的材料。你需要找一块凸出地面的岩石或者沙堆（也可以自己堆一个），利用你手头上可作为遮挡物的材料，如雨披、衣服、带有树叶的枝条，将材料的一端固定在岩石上面，可以用沙子或其他重物固定。然后，将材料伸展开来，另一端也固定好，使其形状能最大限度地遮挡阳光。这层材料可以使避身场所里面的温度降低4摄氏度左右。如果是在夜间，还要防止野兽，最好寻找与地面有一定夹角的岩石，下面的空间能够容进平躺的身体即可，在岩石四周垒砌小的岩石、土块，将岩石下面的缝隙填满，这样最为安全。

　　如果没有上述条件，则可以尝试寻找移动的"住房"。英国著名户外生存专家贝尔·格里尔斯就曾在沙漠中利用骆驼的尸体来过夜。沙漠里夜间的气温可以降到0摄氏度以下，保温将是头等大事。在没有洞穴和火堆的情况下，身边刚好有一只大型哺乳动物的尸体，就可以利用起来。以骆驼为例，从腹部开口，将尸体的内脏掏空，尽量只留下皮囊。晾干，夜间将身体钻进去，就有保暖的效果。

在沙漠徒步的过程中，避身场所的选择和搭建最重要的就是要灵活应对，因地制宜。要能够利用大自然提供的各种材料去为自己创造利于生存的环境。

沙漠中被风侵蚀的岩石

沙漠中枯萎的树木

2.5.7　珍贵的生存物资

获取淡水

在沙漠中，炎热、干旱对人类来说是第一大杀手，沙漠探险遇难者大都是缺水中暑所致。如果在沙漠中迷失方向，在走出困境之前，一定要有足够的、干净的饮用水，否则生存概率很低。在沙漠寻找水源是困难的，它受人的体力、知识、经验、所处地理位置的制约。以下是在沙漠中补充水分的一些实用技巧。

① 沙漠中大量的水，其实就在空气中，沙漠昼夜温差很大，可在太阳下山前，挖一个直径至少90厘米的沙坑，在坑中央放一个清洁的容器。如附近有树叶或灌木，可采来散放在坑内，以增加水的收集量。用一块塑料布盖着坑口，用石头、沙子或其他重物压紧坑缘。在塑料布中央放一块小石头，使塑料布呈一个倒置圆锥体。使塑料布的最低点正好在容器上方，但不能碰到容器。水会凝结在塑料布向着坑的一面，然后滴到容器内。如果有胶管，可把一端放在容器内，另一端伸出坑外。这样就能用胶管吸水，不必移动蒸馏器。这种方法虽不可能得到大量的水，但可解燃眉之急，方法简单，随时随地可用，不妨一试。

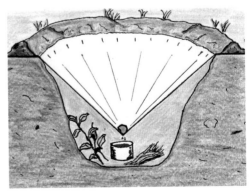

太阳能蒸馏器示意图

② 在沙漠中，地表是没有水的，大部分地区也很难挖出水来。但沙漠大都是盆地，里面也有很多季节性河道。如果发现了茂密的芦苇，就意味着在地下1米多深的地方能挖出水来；如果看到芨芨草，在地下2米左右就能挖出水来；如果看到红柳和骆驼刺，在地下6～8米就能挖出水来；如果发现胡杨林，则意味着地下8～10米的地方有地下水。

③ 仔细观察当前地形，如果看到有一面低呈簸箕形或者四面高、中间低的地区，在低洼处可能会找到水源。如果遇到干涸的河床，可以在两山夹一沟的河床或者河道转弯处外侧的最低点进行挖掘，如果往下挖可发现潮湿的沙子，说明离地下的水源不远了。

④ 在沙漠中偶尔会遇到一些废弃的牛羊圈或者房子，说明此处曾经有人居住，沿着四周寻找可能会发现水源。需要注意的是，沙漠中的水源大都是盐碱水。这种水的矿物质含量一般都超过了0.15%，这些矿物质的主要成分有：钙离子、镁离子、钾离子等阳离子；氯离子、硫酸根、重碳酸根、碳酸根等阴离子。矿物质含量大于0.6%的盐碱水未经过处理不能饮用，否则会引起人体组织脱水，还可造成呕吐。因此，必须用蒸馏等方法处理后才能饮用。

⑤ 跟着动物找水。在傍晚或者早上的时候，如果看到有小动物或者飞鸟经过，可以跟踪它们，这样也有可能找到水源。如果看到鸟群在沙漠上方盘旋，说明鸟群的下方极大可能存在着水。需要注意的是，遇到大型动物，不可盲目跟随。虽然骆驼对水源很敏感，但它是耐饥渴的动物，可以多日不吃不喝，活动范围很大，如果你跟着它走，可能不会很快找到水源。

⑥ 不能乱吃植物。沙漠里的植物稀少，而且许多植物都含有毒素，人体无法适应。另外，沙漠由于其自身环境气候，可食用的植物根部往往都在地下5米处，挖开这些沙子，会出很多汗，往往你能获取的植物水还抵不过你出的汗。除非你能辨认出哪种植物是可食用的，哪种是不可食用的，否则全部不能食用。只要吃错一次，你的处境就会更糟。当然，走投无路时也只能赌一赌。

⑦ 不要放过任何你看到的小动物、昆虫，它们是重要的水和食物补充。在沙漠中，你很容易找到一些小生物，如蜥蜴、蜘蛛、蝎子等。即使它们有毒，你也可以用棍子或者小刀按住它们，把带毒的部位（蜘蛛头、蝎尾）去掉，就可以直接入口。在沙漠中，你很难看到一些可食用的植物，却很容易发现这些小生物，它们是沙漠中补水的重要一环，看到任何石头都不要放过，用棍子一翻，说不定里面就有蜥蜴或者蝎子。

在寻找水源的同时，还应该最大限度地减少身体脱水状况，以维持体液平衡，具体做法如下。

① 在水源充足的情况下，应尽量多饮水，以保持体内有较多的存水量。这样一旦出现断水的困境，可以赢得延长生命的时间。

② 在水源不足的情况下，要合理科学地饮水。正确的喝水方法是：少喝、勤

喝。一次只喝一两口，将水在口中含一会儿，分两次慢慢咽下。每升水的饮用时间至少要在5小时以上。这样的喝水方法，既可使身体充分吸收喝下去的水，又可解决口干舌燥的问题。从生理学的意义上讲，就是既不会让体内严重缺水，又不会排出多余的水分。

③ 尽量在早晚较凉爽的时间行走，避开中午高温时段，以减少体内水分的消耗。

④ 避免太阳光直射。活动和休息尽量在阴凉的场所进行，以减少水分的蒸发。待在阴凉隐蔽之处，不要躺在温度较高或者被太阳照射过的地面。

⑤ 控制烟、酒。吸烟和喝酒都会使器官消耗水分，尤其是喝酒，要消耗大量的水分，因此，在断水的情况下，烟、酒必须严加控制，以减少体液的消耗。

⑥ 稳定情绪。心理稳定、镇定自若可以减少器官水分的消耗；相反，紧张和烦躁则会增加水分消耗。因此，要注意调整自己的心理状态，稳定情绪，同时注意休息，尽量将活动量降至最低限度。

⑦ 合理进食。如果身体得不到水分补充，体液会从要害器官转移以便消化食物，这样会加速脱水。脂肪很难消化，需要大量水分。因此，在不得不将饮水量限制在每天一升以下的情况下，要尽量避免食用肉食以及干燥、高淀粉含量的食品或味道过浓、过重的食品。多吃碳水化合物含量高的食物，包括谷物、水果以及根茎类蔬菜等。

⑧ 尽可能多休息，不要说话。应当用鼻子呼吸，不要用嘴来呼吸。

徒步者在烈日下行走

获取食物

进行沙漠徒步时，一旦无法正常获得后勤补给，就必须在自然界寻找可食用的植物和动物。虽然沙漠环境恶劣，植被稀少，但也并非不毛之地。以塔克拉玛干沙漠为例，其腹地的流沙地带就发现有植物10多种，动物30多种，而其边缘地带则有40多种动物。

我国沙漠地区主要的可食用植物包括沙枣、沙拐枣、沙蓬、小根蒜、锁阳等。此外，还有仙人掌科植物，既可充饥，又可补充部分水量。常见的可食用动物有沙鼠、蜥蜴、蝎子、蛇、狼、骆驼等。必须注意的是，只有在饮水供应充足情况下，才可进行捕捉动物和采集食用植物的活动，因为这要消耗大量的体力。在缺水时，则应避免进行狩猎与采集活动，而且也不宜多吃食物。

沙拐枣

补充盐分

盐不仅是人类膳食中不可缺少的调味品，而且是人体中不可缺少的物质成分。从生理角度看，盐对维持人体健康有着重要意义：盐在维持细胞外液的渗透压方面起着重要作用，影响着人体内水的动向；盐参与人体内酸碱平衡的调节，并参与胃酸的生成；盐在维持神经和肌肉的正常兴奋性上也有作用。

人体对盐的需求量一般为每人每天6克左右，盐分摄入过少或过多都不利于健康。如果人体长期缺盐，会导致低钠血症，引起疲惫乏力、恶心呕吐、头晕目眩、肌肉痉挛等症状。当人体极度缺盐时，可能会发生昏厥。

如果你在沙漠中与队伍走散，短期内可以不用考虑盐分摄入的问题，但如果长期得不到救援，或者需要较长时间养伤，就必须有意识地为自己补充盐分。要知道，人体出汗和排尿都会带走盐分，所以所处地区的温度越高，盐分的损失就会越多。另外，一些求生行动和长途跋涉也会增加盐的损耗。只有定期在食物中添加一定的盐分，才能确保自己不会因缺盐而虚弱。

如果你没有随身携带食盐，便需要在野外自制食盐。如果你能在沙漠中找到盐碱地，可将地里的盐用水溶解，然后取上层盐水晒干，或者用火烘干，最后取得的结晶物可以食用。

如果直接找盐很困难，可以尝试一些间接获取盐分的方法。动物血液中含有盐分和多种矿物质，在任何时候都不要随便抛弃。如果无法狩猎中大型动物，可以选择捕捉野兔、老鼠、蛇等小动物。有些植物也含有盐分，如碱蓬、盐爪爪等。

碱蓬

在找不到盐分补充的情况下，可以考虑提取自己身上的盐分。人体每天都会通过汗水、尿液和粪便等排出盐分，虽然能够提取出来的盐分较少，但也不失为一个应急方法。汗水一般都会吸附在贴身衣物上，形成一层盐渍，将这层盐渍曝晒之后用清水浸湿衣物，将拧下来的水放进容器，进行沉淀并加热蒸发，剩下最后一点的时候就是含有微量盐分的水。

在盐分短缺的时候，一方面要努力寻找盐分来源，另一方面要尽量避免剧烈运动，以免流汗后盐分大量流失。另外，要尽量避免在高温时段行走。

2.5.8 重要的个人卫生

在任何情况下，保持身体清洁都是预防感染和疾病的重要因素，在进行沙漠活动时，这一点尤为重要。糟糕的卫生状况会影响人的意志，也会降低行动效率。

洗澡

每天用肥皂洗一个舒服的热水澡，无疑是最理想的个人清洁方法。当然，这一需求在沙漠环境下往往难以实现，但即使没有这些"奢侈品"，你一样能够保持清洁。如果没有热水，你可以用一块布和肥皂水擦洗自己。如果没有肥皂，你可以用草木灰或者沙子代替。如果水资源紧张，可以选择"空气浴"：根据实际情况，尽可能多地脱掉衣服，让身体暴露于阳光和空气中。

清洁双手

俗话说"病从口入"，手上的细菌会污染食物，感染伤口。在接触了任何可能携带细菌的物体之后、上完厕所之后、照顾病患之后，接触任何食物、餐具前或者喝水前，切记要洗净双手。另外，要随时保持指甲干净整洁，不要把手指放入嘴里。

清洁头发

头发可能会成为跳蚤、虱子或者其他寄生虫或细菌的栖身地。保持头发干净，修剪整齐，可以避免这些危险。跳蚤和虱子寄生于温血动物身上，以吸血为生，是危险病菌的携带者。例如，啮齿动物就很可能会携带跳蚤和虱子，所以杀死一头啮齿动物时，记住要等它身体完全变冷，跳蚤和虱子都跑了之后再去处理。使用虱子粉是去除跳蚤和虱子的最好方法。如果没有虱子粉，也有其他一些方法，例如把衣服放在阳光下长时间曝晒，经常用热肥皂水清洗等。

清洁衣服

衣服和被褥是长期贴身接触的物品，必须尽可能保持干净整洁，减少皮肤感染的机会，以及寄生虫的滋生机会。外衣脏了要及时清洗，每天都要换洗内衣和袜子，如果缺水，就将衣服用力抖动，然后置于空气和阳光下曝晒。睡袋每次使用之后都要翻过来抖一抖，白天不使用睡袋的时候将其晾晒起来。

清洁牙齿

如果随身携带了牙刷和牙膏，就要保证每天至少彻底清洁一次牙齿和口腔。如果没有牙刷，可以找一根长约20厘米、宽约1厘米的小树枝，做一根"咀嚼棒"。将其一端嚼开，使树枝的纤维分开。然后，用这根咀嚼棒彻底清洁牙齿。另一种方法就是在手指上缠一根干净的布条，擦去牙齿上的食物残屑。如果需要，还可以用一点沙子、小苏打、盐或者肥皂刷牙。至于齿缝间的污垢，可以用牙签、小树枝、牙线，或者用从树皮、藤条剥下来的细条等剔除。

清洁双脚

沙漠道路崎岖不平，双脚的负担很重，因此每天都要清洗并按摩脚部，脚指甲要剪平。鞋里要垫上鞋垫，袜子要合脚、干爽。每天检查脚上有没有长水泡，如果长了水泡，不要弄破它，因为没有破损的水泡不会感染。可以在水泡周围敷上药膏，但不要直接敷在水泡上。另外，还可以放一块衬垫在水泡周围，以减轻其承受的压力、减少摩擦。如果水泡破了，则要清洗干净，用绷带包扎好。

如果水泡较大，为了避免水泡在压力之下破损并造成疼痛和产生伤口，可以按照以下方法处理。找一根缝纫针和一根干净的线，用针和线穿过水泡。把针从线上拿下来，使线的两头都在水泡之外。线将会吸收水泡中的液体。这会使水泡的破损口较小，而且不会闭合。

在沙丘中行走的徒步者　　　　　　　　　　　水资源丰富的沙漠绿洲

2.5.9　可怕的自然灾害

沙尘暴

在沙漠地区主要有4种天气，即晴天、沙尘暴、高温、高温加沙尘暴，只有极少数时候会下雨。因此，在沙漠中徒步时最需要防范的就只有沙尘暴。

沙尘暴是沙暴和尘暴的总称，指强风从地面卷起大量沙尘，使水平能见度小于1千米的灾害性天气现象。沙尘暴具有突发性，其持续时间较短，但危害却很大。其中沙暴是指大风把大量沙粒吹入近地层所形成的挟沙风暴；尘暴则是大风把大量尘埃及其他细颗粒物卷入高空所形成的风暴。

沙尘暴对人体的呼吸系统危害最大，浮尘中大量悬浮的颗粒物，尤其是细小颗粒最易被吸入呼吸道深处。大风使地表蒸发强烈，驱走大量的水汽，空气中的湿度大大降低，使鼻腔黏膜因干燥而弹性削弱，易出现微小裂口，防病功能随之降低，空气中的病菌就会乘虚而入。随着吸入鼻腔内的尘粒的增加，一旦超过鼻腔、肺本身的清除能力，就会导致肺及胸膜的病变，这些尘粒经过呼吸道沉积于肺泡，引发慢性呼吸道炎症、肺气肿等肺部疾病，还容易使患有呼吸系统疾病的人群旧病复发或病情加重。

全世界有四大沙尘暴多发区，分别位于中亚、中非、北美洲和澳大利亚。我国西北地区由于独特的地理环境，也是沙尘暴频繁发生的地区，主要源地有古尔班通古特沙漠、塔克拉玛干沙漠、巴丹吉林沙漠、腾格里沙漠、乌兰布和沙漠和毛乌素沙漠等。我国西北地区属于干燥气候带，昼夜温差大，夏季酷热，温度高达50～60摄氏度，冬季严寒，温度低达-30～-20摄氏度；雨量极少，大多数地区全年降水量不到250毫米；风多而大，特别是风口地带，狂风到来时飞沙走石，内蒙古至新疆一带的沙漠每年4月有季节性强风，常形成沙流。鉴于这些气候特征，选择沙漠徒步季节时应尽量避开炎热的夏季和风季，通常9月至来年3月之间比较合适。

　　如果不幸遇到沙尘暴，千万不能惊慌失措，毫无计划地逃跑。风沙的运动有其固有的规律，首先要凭肉眼观察选择逃避的方向，只要避过风的正面，大都能化险为夷。同时，千万不要到沙丘的背风坡躲避，否则有被沙暴埋葬的危险。正确的做法是把骆驼牵到迎风坡，然后躲在骆驼的身后，戴好防风面具或纱巾，或用透气较好的衣服把头包住。此外，要注意经常抖动身体，以保证沙子不会将自身掩埋。

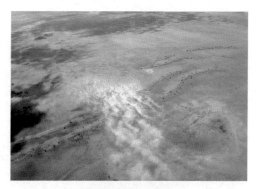

沙尘暴肆虐的场景

流沙

　　流沙，简单地说就是沙像液体一样可以流动，也就是可以流动的沙。这是一种自然现象，常出现在地基不稳的沙漠中，当有重物置于沙体之上时，就像沉底一样，沉到底部。沙漠地区的流沙坑很难辨认，即使是富有经验并以此为生的沙漠向导也无能为力。加上沙漠的环境使水源和流沙坑随时可能改变地点，标记和记忆同样于事无补。

　　在很多电影作品中可以看到，稍不注意，人就会掉进沙漠的流沙中，然后随着主人公不断的挣扎，瞬间人就被流沙吞没了。那么现实中的流沙真的可以吞噬一切吗？其实，人如果真的掉进流沙当中，并不会像电影里那样，很快就陷下去。因为人体的密度比沙子要小，所以流沙不会把人吞没。曾经有人做过实验，人体在经过流沙时，就会产生流沙液化的现象，人就像掉进沼泽地一样，慢慢地往下陷，但陷到腰部位置后，就会停止下来。

　　虽然实验表明流沙不会吞没整个人，但也有不少人对于实验表示怀疑。毕竟实验的流沙只有1米深，如果是几十米的流沙，结果可能就不一样了。再加上人掉进流沙后，心里会极度恐惧，所以什么情况都有可能发生。

　　如果真的遇到流沙，应该怎么处理呢？首先要保持冷静，千万不要使劲儿挣扎或是猛蹬双腿，否则只会让人下陷得更快。有人以为通过摇动能使身体周围的沙子松动，从而有利于肢体从流沙中拔出。其实不然，这种运动只能加速沙子的沉积，增强流沙的黏性，胡乱挣扎人只会越陷越深。正确的做法是轻柔地移动双脚，让沙子尽量渗入挤出来的真空区域，这样就能缓解受困者身体所受的压力，同时让沙子慢慢变得松散。另外，还要努力让四肢尽量分开，因为只有身体接触沙子的表面积越大，得到的浮力就会越大。只要受困者有足够耐心、动作足够轻缓，就能慢慢地脱困。当然，最好的办法是放松身体，尽量高抬头部，保持呼吸顺畅，伸开双臂，增加浮力，想办法呼叫队友，让队友从外部进行救援。

致命的流沙

海市蜃楼

海市蜃楼是光线在垂直方向密度不同的气层中，经过折射造成的结果。常分为上现、下现和侧现海市蜃楼。

发生在沙漠里的海市蜃楼，就是太阳光遇到了不同密度的空气而出现的折射现象。沙漠里，白天沙石受太阳炙烤，沙层表面的气温迅速升高。由于空气传热性能差，在无风时，沙漠上空的垂直气温差异非常显著，下热上冷，上层空气密度高，下层空气密度低。当太阳光从密度高的空气层进入密度低的空气层时，光的速度发生了改变，经过光的折射，便将远处的景物呈现在人们眼前了。

海市蜃楼虽然是一种自然现象，但是一直以来有关于它的各种传说不绝于耳，使得这种自然现象也变得越来越神秘。有人说在看到的海市蜃楼里从来都找不到原景，也有人说曾经在海市蜃楼里看到过古代人，更有人说看到海市蜃楼就会死。

其实，海市蜃楼一般在海边或者沙漠地区出现，但是沙漠地区出现得非常少。如果在沙漠地区出现了，人们很可能信以为真，然后往海市蜃楼的方向走去，最后迷失方向，找不到出去的路。在沙漠中看到海市蜃楼还有一种可能就是人已经因为饥渴和疲惫而产生了幻觉，本身就出现了很大的问题，如果不能够及时地得到休息和水分的补充，那么人很有可能会死在沙漠之中，别人就以为是海市蜃楼害死了他。

因此，海市蜃楼本身并不会伤人，这只是一种自然景象，你只看得到，却摸不着。只有内心没有贪念，不要想着去寻找这个地方，将海市蜃楼当作一种景象来看，自然是不会有什么问题的。

沙漠中的海市蜃楼

2.5.10　沙漠中常见的伤病防治

中暑

中暑是指由于高温或引起高热的疾病使人体体温调节功能紊乱而发生的综合征。根据中暑症状的轻重，可以分为先兆中暑、轻度中暑和重度中暑。

先兆中暑是指出现轻微的头晕、头痛、耳鸣、眼花、口渴、浑身无力及行走不稳等症状。轻度中暑是指除以上症状外，还发生体温升高、面色潮红、胸闷、皮肤干热，或有面色苍白、恶心、呕吐、大汗、血压下降、脉细等症状。重度中暑是指除上述症状外，出现昏倒痉挛，皮肤干燥无汗、体温在40摄氏度以上、严重脱水导致休克等症状。

重度中暑又可分四种类型。

① 热痉挛。在高温环境下进行剧烈运动，大量出汗，活动停止后常发生肌肉痉挛，主要累及骨骼肌，持续数分钟后缓解，无明显体温升高。热痉挛也可为热

射病的早期表现。

② 热衰竭。严重热应激时，由于体液和体钠丢失过多引起循环容量不足所致。表现为多汗、疲乏、无力、头晕、头痛、恶心、呕吐和肌痉挛。体温轻度升高，无明显中枢神经系统损伤表现。

③ 热射病。这是一种致命性急症，主要表现为高热（直肠温度≥41摄氏度）和神志障碍。早期受影响的器官依次为脑、肝、肾和心脏。

④ 日射病。这是因为直接在烈日的曝晒下，强烈的日光穿透头部皮肤及颅骨引起脑细胞受损，进而造成脑组织的充血、水肿。由于受到伤害的主要是头部，所以，最开始出现的不适就是剧烈头痛、恶心呕吐、烦躁不安，继而可出现昏迷及抽搐。

一旦出现中暑症状，应迅速脱离高热环境，转移至通风好的阴凉地方。如有条件，可平卧在床，解开衣扣，用冷毛巾敷头部。如果意识清醒，可饮服淡盐水。如果出现高烧、昏迷、抽搐等症状，应该侧卧，头向后仰，保持呼吸道通畅，并尽快向医护人员求助。

中暑的急救措施

原发性缺水

原发性缺水又称高渗性缺水，即水和钠同时丧失，但缺水多于缺钠，故血清钠高于正常范围，细胞外液呈高渗状态。引起原发性缺水的原因：一是摄入水量不足，如昏迷导致不能进食、食管疾病导致吞咽困难等；二是水丧失过多，未及时补充，如高热、大量出汗、大面积烧伤、气管切开、胸腹手术时内脏长时间暴露、糖尿病昏迷等。

根据症状不同，一般将原发性缺水分为三度。

① 轻度缺水。除有口渴外，多无其他症状。缺水量为体重的2%～4%。

② 中度缺水。有极度口渴感，伴乏力、尿少、尿密度大。唇干舌燥、皮肤弹性差、眼窝凹陷，常感觉烦躁。缺水量为体重的4%～6%。

③ 重度缺水。除上述症状外，还出现躁狂、幻觉、谵语甚至昏迷等脑功能障碍的症状。缺水量为体重的6%以上。

对原发性缺水患者，应尽快补充已丧失的液体，可静脉输注5%的葡萄糖或低渗盐水溶液。补水量可根据临床表现的严重程度而定，例如中度缺水的缺水量为体重的4%～6%，补水量为2.5～3升。当日先补给补水量的一半，另一半在次日补给，此外，还应补给当日需要量。在补水同时应适当补钠，以纠正缺钠。

肌肉酸痛

肌肉酸痛是生活中正常的生理表现。运动过后身体会产生一种叫"乳酸"的产物，人体运动是需要能量的，人体进行超强度的徒步后，身体产生

正在沙漠中喝水的沙漠徒步者

的代谢物不能通过呼吸排除，这就形成了乳酸。

剧烈活动会使肌肉的肌纤维排列发生变化，部分的肌纤维会轻微发炎。这种炎症与乳酸产生的酸痛在时间上有区别，通常出现在运动后的第三天，如果在第三天之后肌肉还有持续性酸痛，表明运动负荷太大。

参加超长距离徒步的人下肢部分肌肉比较容易出现隔日肌肉酸痛，在完成活动后，下肢肌肉的细胞受到的损伤通常非常大，一些细胞已经分解和死亡。产生酸痛的时间依据个人情况而不同，经常锻炼的人酸痛的时间可能只有一到两天，而不经常活动的人酸痛可能会持续一周左右。一般来说，酸痛的程度随着时间的延长会逐渐消失。

通过观察发现，腿部肌肉力量强壮，特别是股四头肌强壮的人，肌肉酸痛的情况明显比一般人好一些。另外，股四头肌和腓肠肌力量平衡的人、柔韧性好的人出现肌肉酸痛的情况也会减少。

缓解肌肉酸痛的方法有以下几种。

① 多休息。休息能减缓肌肉酸痛的现象，促进血液循环，加速代谢产物的排除，消除肌肉酸痛部位营养的供给与修复，使之恢复正常。所以运动之后要多休息，缓解疲劳。

② 伸展运动。在休息时，不要忘了对酸痛局部进行静态牵引练习，也就是进行伸展运动，这样可以有效缓解肌肉酸痛。

③ 按摩。对肌肉酸痛的部位进行按摩，使肌肉酸痛部位放松，促进血液循环，加快乳酸的分解速度，减缓肌肉酸痛的程度。

④ 热敷。用热毛巾在肌肉酸痛的部位进行热敷，促进血液循环，加快新陈代谢，缓解肌肉酸痛带来的疼痛。

⑤ 用药。可以选用适当的药膏涂抹肌肉酸痛部位，或服用消炎药，来缓解酸痛。

沙漠徒步非常耗费体力

毒蛇咬伤

在沙漠地区有许多种类的蛇，其中响尾蛇和珊瑚蛇是常见的有毒种类。响尾蛇呈沙黄色，头部呈阔箭头形，尾巴可发出响声，在灌木丛、沟渠、石堆旁等处多见；珊瑚蛇是一种体型较小的蛇类，长度很少超过1.5米，其蛇鳞平滑，头部较圆，双眼有圆形的瞳孔。珊瑚蛇的身体颜色以褐色、黄色及红色为主，外表鲜艳夺目。

响尾蛇和珊瑚蛇一般只在遇到严重挑衅的情况下才会攻击人。因此，在沙漠中遇到这类毒蛇，千万要保持镇定，在没有能力杀死它之前，最好不要主动进攻。如果不幸被毒蛇咬伤，一定要保持镇静，不要剧烈奔跑，要立刻坐下或躺下，以减慢人体对蛇毒的吸收和蛇毒在人体内的传播速度，减轻全身反应。然后用柔软的绳或带子扎在伤口近心端，如果手指被咬伤可绑扎手指根部，手掌或前臂被咬伤可绑扎肘关节，脚趾被咬伤可绑扎脚趾根部，足部或小腿被咬伤可绑扎膝关节下，大腿被咬伤可绑扎大腿根部，以阻断静脉血和淋巴液的回流，减少毒液吸收，防止毒素扩散。绑扎无须过紧，它的松紧度掌握在能够使被绑扎的下部肢体动脉搏动稍微减弱为宜。绑扎后每隔30分钟左右松解一次，每次1～2分钟，以免影响血液循环造成组织坏死。

绑扎完成后，用凉开水、泉水、肥皂水或1∶5000高锰酸钾溶液冲洗伤口及周围皮肤，以洗掉伤口外表毒液。如果伤口内有毒牙残留，应迅速用消毒过（火焰灼烧、酒精清洗等）的小刀、碎玻璃片或其他尖锐物挑出，然后以牙痕为中心按十字形切开伤口，深至皮下，再用手从肢体的近心端向伤口方向及伤口周围反复挤压，促使毒液从切开的伤口处排出体外，边挤压边用清水冲洗伤口，冲洗挤压排毒需持续20～30分钟。

如果伤口里的毒液不能畅通外流，可用吮吸排毒法。若随身带有茶杯，可对伤口进行拔火罐处理，先在茶杯内点燃一小团纸，然后迅速将杯口扣在伤口上，使杯口紧贴伤口周围的皮肤，利用杯内产生的负压吸出毒液。如无茶杯，也可用嘴吮吸伤口排毒，但吮吸者的口腔、嘴唇必须无破损、无龋齿，否则有中毒的危险。吸出的毒液随即吐掉，吸后要用清水漱口。排毒完成后，伤口要湿敷以利毒液流出。

沙漠中的毒蛇

蝎子蜇伤

蝎子有一个弯曲而尖锐的尾针与毒腺相通，刺入人体后可注入神经性毒液。受伤处大片红肿并带有剧痛。严重者可出现寒战、高热、恶心呕吐、肌肉强直、呼吸增快、脉搏细弱，最终因呼吸衰竭而死亡。

一旦发现被蝎子蜇伤，处理原则基本与毒蛇咬伤相同。因蜇伤后当时很难判断严重程度，均应按重症处理。立即用鞋带、布条等绑扎伤口的近心端，以阻止毒液吸收速度。绑扎的松紧以阻断淋巴和静脉回流为准，即绑扎至肢体远端动脉搏动略减弱。

绑扎完成后，再将小刀、碎玻璃片等尖锐物品经过火焰灼烧或酒精清洗等方式消毒后按十字形切开伤口，深达皮下，拔出毒针，用弱碱性液体（如肥皂水、淡氨水）冲洗伤口，由绑扎处向伤口方向挤压排毒，持续20～30分钟，或用拔火罐排毒。身边带有解毒药者可立即服用，并用水将药片调成糊状，在距伤口2厘米处外敷一圈，注意不要使药物进入伤口。

经过上述处理后，一般可松开近心端的绑扎带。若伤口周围皮肤红肿，可用冷毛巾或冰袋冷敷。同时，尽量多喝水，以利于进入体内的毒液尽早排出。但要禁止饮酒。

沙漠中的蝎子

蜥蜴咬伤

蜥蜴是爬行动物中种类最多的族群，全世界已知超过4000种，主要分布于热带，在沙漠地区比较常见。蜥蜴大多无毒，已知的毒蜥只有希拉毒蜥和危地马拉珠毒蜥两种，都分布在北美洲及中美洲。毒蜥的下颌有毒腺，毒液通过导管注入口腔，再经毒牙的沟注入被毒蜥咬住的伤口内。人被毒蜥咬伤有痛感，但极少致命。

不过，无论什么类型的动物造成的咬伤，伤口都可能被动物口腔黏液中的细菌感染，被没有毒的蜥蜴咬伤也是一样的，这种局部感染是造成之后的损伤的主要原因。因此，在进行沙漠活动时应尽量避免被蜥蜴咬到，也不要轻易食用蜥蜴。一旦被蜥蜴咬伤，可采取与蛇咬伤大致相同的急救方法。

沙漠中的蜥蜴

野兽袭击

野兽对人造成的伤害主要是咬伤、抓伤、踩踏伤和撞击伤。咬伤和抓伤通常有出血伤口，并带有致病微生物的沾染，因此可能继发感染。一般的咬伤和抓伤所继发的感染，病菌是金黄葡萄球菌、溶血性链球菌、大肠杆菌、拟杆菌、破伤风梭菌等，最严重的是狂犬病毒。被野兽咬伤和抓伤后应立即处理伤口。先用等渗盐水反复冲洗，用干纱布蘸干净伤口，再以70%酒精或碘伏消毒周围皮肤。较深的伤口需用3%过氧化氢冲洗，必要时稍扩大伤口，不予缝合，以利引流。如果没有办法判定野兽是不是携带狂犬病毒，那就假定它患有狂犬病，如果有血清，一定要及时注射。

沙漠中的狼

第 3 章

以双脚为尺

——勇登大山

　　山与人类生活息息相关。世界各大陆山地分布面积近 3600 万平方千米，约占全球陆地面积的 24%。世界上大多数河源自山，半数的人依赖源自山的水。本章主要就山区的地理特征、动物类型、植被分布、传统民俗、适宜运动、生存技巧等知识进行介绍。

3.1 不同的山，不同的景

3.1.1 山的定义

山是地面上被平地所围绕的具有较大的绝对高度和相对高度而凸起的地貌区。世界各国对山并没有统一的定义，也没有公认的分类标准。在《新华字典》中，山的定义是"地面上由土石构成的隆起部分"。而在《牛津英语词典》中，山的定义是"自然的地表抬升，与周边环境相比较为突兀，高度相对而言较为可观"。

相对而言，联合国环境规划署对"山地环境"的定义更加具体，要求以下4条至少满足其一：高差至少2500米；高差至少1500米，且坡度大于2度；高差至少1000米，且坡度大于5度；高差至少300米，且这个高差必须在7000米的水平距离之内达成。按照这个定义，山地覆盖欧亚大陆的33%，南美洲大陆的19%，北美洲大陆的24%，非洲大陆的14%。作为一个整体，地球约有24%的面积是山地，约有10%的人生活在山区。

对于山的成因，目前比较流行的是板块构造学说。地球地壳由亚欧板块、美洲板块、非洲板块、太平洋板块、印度洋板块和南极洲板块六大板块构成。就地壳板块内部而言，是相对稳定的，但各板块并非固定不动，它们一直处于不断的运动之中，板块与板块之间的交界处，是地壳活动非常活跃的地带，这里的地壳并不稳定。这些板块在不断的运动过程之中会发生相互的撞击、挤压、张裂。这些板块的撞击和挤压就会形成山脉。

小知识

世界海拔排名前100位的山峰，全部位于亚洲，其中排名第一的是喜马拉雅山脉的珠穆朗玛峰，距海平面的高度为8848米。

珠穆朗玛峰

乔戈里峰

我国地质学家李四光认为：地壳的水平挤压是造山运动的主要动力。地壳运动中，结实的地壳部分发生断裂，断裂两侧相对上升或下降，这样可以形成高山。地壳薄弱的部分，则会发生剧烈的褶皱，隆起时便成为连绵不断的山脉。地壳运动使地面凹凸不平后，在流水侵蚀地面的过程中，由于地面各处岩石性质不同，它们抵抗流水侵蚀能力也不同，有些高山降低了，同时也把地面"雕刻"得高低起伏，所以地球上便有了各种各样的山。

世界海拔排名前20位的山峰

排名	名称	所属山脉	所在洲	海拔高度/米	首次登顶时间
1	珠穆朗玛峰	喜马拉雅山脉	亚洲	8848	1953年
2	乔戈里峰	喀喇昆仑山脉	亚洲	8611	1954年
3	干城章嘉峰	喜马拉雅山脉	亚洲	8586	1955年
4	洛子峰	喜马拉雅山脉	亚洲	8516	1956年
5	马卡鲁峰	喜马拉雅山脉	亚洲	8463	1955年
6	卓奥友峰	喜马拉雅山脉	亚洲	8201	1954年
7	道拉吉里峰	喜马拉雅山脉	亚洲	8167	1960年
8	马纳斯卢峰	喜马拉雅山脉	亚洲	8163	1956年
9	南迦帕尔巴特峰	喜马拉雅山脉	亚洲	8125	1953年
10	安纳布尔纳峰	喜马拉雅山脉	亚洲	8091	1950年
11	加舒尔布鲁木Ⅰ峰	喀喇昆仑山脉	亚洲	8068	1958年
12	布洛阿特峰	喀喇昆仑山脉	亚洲	8047	1957年
13	加舒尔布鲁木Ⅱ峰	喀喇昆仑山脉	亚洲	8035	1956年
14	希夏邦马峰	喜马拉雅山脉	亚洲	8013	1964年
15	加舒尔布鲁木Ⅲ峰	喀喇昆仑山脉	亚洲	7952	1975年
16	安纳布尔纳Ⅱ峰	喜马拉雅山脉	亚洲	7937	1960年
17	加舒尔布鲁木Ⅳ峰	喀喇昆仑山脉	亚洲	7932	1958年
18	喜马尔佐利山	喜马拉雅山脉	亚洲	7893	1960年
19	迪斯特吉峰	喀喇昆仑山脉	亚洲	7884	1960年
20	雅迪楚里峰	喜马拉雅山脉	亚洲	7871	1970年

3.1.2 山地生态

山地的地形和高度以及因此而形成的特殊山地气候，影响着山地生物的分布和功能。山地的向阳面及背阳面的生物分布存在巨大差异，而高山的生物分布常呈垂直分带现象。反过来，山地生物也影响山地环境，山地植被可形成独特的小气候，并可保持水土，若无植被，则雨蚀和风蚀可以迅速将表土剥去。

在山地，随着高度的增加气温逐渐下降（一般每上升100米降0.6摄氏度），而湿度相应增高，但在谷地，有时由于冷空气沿山坡下沉，会出现下层温度反而低于上层的逆温现象。山地有迫使气流上升而降温的作用，迎风坡降雨较多，背风坡降雨较少。有时越过高山的气流可以形成比较干热的下山风（焚风）。

山地气候的变化使植被随海拔高低和不同坡向而呈现出明显的变化。如果高度相差悬殊，则会产生明显的植被垂直分布现象。山地各垂直植被带发育了不同的土壤，土壤中栖息着各种微生物和土壤动物。鸟兽等脊椎动物在各植被带的种数或数量也有明显变化。有些还随季节在带间迁移，如大熊猫夏季多在海拔高的针叶林中活动，其他季节则活动在海拔居中的针阔混交林内，遇有大雪等异常气候时，甚至下到落叶阔叶林内活动。阳坡与阴坡的植被亦有差异。有的地方阳坡水分少，为草地，而阴坡则有灌丛或森林。

高山带气候寒冷、空气稀薄、紫外线辐射强、风大，动植物必须对这些生态因子做出特殊的生态生理适应。高山带植物稀疏而低矮，有时发展为垫状植物；多有耐寒特性，并能在较短的时间内完成其繁殖周期。高山带动物常紧靠地面生活，昆虫中无翅者较多。

雪线以上有冰冻层，有些高山终年积雪，形成永久冰雪带。在干旱地区，冰川的融水是山下水的主要来源。有冰水补给的河流两岸即可形成绿洲。

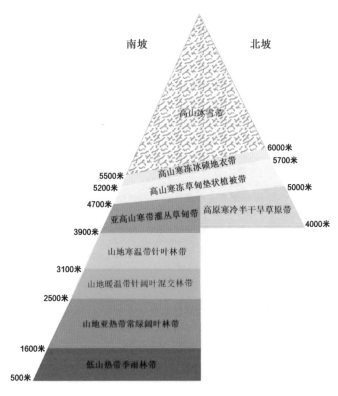

珠穆朗玛峰的植物垂直带谱

3.1.3　山与人类

世界上许多地方都有山，地球上几乎所有国家都有山脉。俗话说"靠山吃山，靠水吃水"，长期生活在山上或靠山的地方的人通过上山砍柴、打猎、伐木及采掘野果、野菜、药材和矿藏等方式，取得各种生活和生产资料。在远古时期，洪水泛滥时，人们上山去躲避洪水。当人类社会出现部落、民族和国家后，人们又常常上山去躲避入侵的敌人或借助山势打击敌人。在商品交换形成之后，人们又赶上马匹，翻山越岭与外族进行商品和文化、艺术的交流。

人类的生活与山脉有着密切的关系，但与平原、丘陵等地形相比，山区并不适合人类居住，因为山区的气候通常比较恶劣，加上地形的限制，无法发展成较大的城市。在高海拔地区，由于氧气稀薄、紫外线强烈，居住的人类更是稀少。在现代社会，大多数人习惯居住于平坦的地面，深山区的居民相对较少。很多生活在低海拔地区的人，如果长时间待在海拔3500米以上的地方，会很容易出现高山症（在高海拔地区由于氧气浓度过低而出现的疾病）。

对现代人来说，山的主要用途是休闲娱乐，其他用途包括伐木、采矿、放牧、种植等。受到山峰高度、坡度、纬度、地形以及气候等多种因素的影响，不同山峰的登顶难度各不一样。公路、缆车是人类为了在山区活动而建造的常见设施。人类在山区进行的户外运动主要有徒步、登山、露营、攀岩、攀冰、滑草、滑雪等。

以风光秀丽著称的黄山

在欧洲阿尔卑斯山滑雪的户外运动爱好者

3.1.4　中国的山

我国是多山之国。据统计，山地、丘陵和高原的面积占全国土地总面积的69%。就海拔而言，世界上海拔8000米以上的山峰共14座，位于喜马拉雅山脉和喀喇昆仑山脉的我国国境线上和国境内者即达9座。至于海拔超过5000米的高峰，在喜马拉雅山脉、喀喇昆仑山脉、念青唐古拉山脉、唐古拉山脉、昆仑山脉、天山山脉、祁连山脉、横断山脉、大雪山、岷山等山地中数以千百计，无论是山峰的高度和数量都是其他国家无可比拟的。

山地是我国地貌的格架。我国大地貌单元如大高原、大盆地的四周都被山脉环绕。青藏高原是我国最高最大的高原，平均海拔4500～5000米，环绕青藏高原的山脉有喜马拉雅山脉、喀喇昆仑山脉、昆仑山脉、祁连山脉、横断山脉等。西南部的云贵高原海拔降至1000～2000米，周围的山脉有哀牢山脉、苗岭山脉、乌蒙山脉、大娄山脉、武陵山脉等。西北部黄土高原和内蒙古高原边缘的山脉有秦岭山脉、太行山脉、贺兰山脉、阴山山脉、大兴安岭等。新疆塔里木盆地是我国最大的内陆盆地，盆地最低处罗布泊洼地的海拔780米。而周围的天山、昆仑山等山脉，一般海拔在4000～5000米。新疆准噶尔盆地、青海柴达木盆地和四川盆地的四周都被高大山脉所封闭。就是在我国东部和东北部的大平原和岛屿上也可见到大片的中、低山和丘陵，如松辽平原东部的张广才岭和长白山脉，黄淮海平原（华北平原）东部的山东丘陵和长江中下游的低山丘陵。

我国山地区的县级行政区数量占全国的2/3，人口和耕地分别占1/3与2/5，粮食产量占1/3。我国90%以上的木材也取自山地区。我国的矿产资源和水力资源大部分也集中于山地区。我国的自然风景旅游资源也以山地区为主。同时，我国山地是人类文明的摇篮之一，我国目前发现的古人类化石绝大部分都分布于山地区。此外，山地是我国各少数民族聚居最集中的地方。因此，合理地开发与利用山地并积极地进行保护，具有重要的意义。

天山山脉

秦岭山脉

3.2 寻访山中的精灵

3.2.1　动物概览

我国人口众多，平原与盆地甚至许多山地均居住着大量人类，所以就野生动物物种而言，除一些湖泊、河流、海洋中的鱼类、两栖类动物、水鸟和少量哺乳动物外，大都生长与栖息于我国山地。山地特殊的地形气候以及丰富的植物资源为这些充满灵性的动物营造了一个生存居住的天堂。为了适应这里特殊的环境变化，它们练就了一套适应各自生存环境的技巧。山地动物通常都会根据四季的变化来调节自己的生理机能：夏天来临的时候，它们就往山顶方向迁移；天冷的时候，它们又会转移到海拔较低的地方。

据统计，我国生活在山地的哺乳动物约有500种，鸟类约有1200种，爬行动物约有380种，两栖动物约有280种，分别占世界该类动物总数的11%、13.2%、5.9%、7.4%。在我国山地动物物种中，特有现象特别明显，含有许多仅生于我国的特有种，甚至特有属、特有科。例如哺乳动物就有73种，鸟类99种，爬行动物26种，两栖动物30种，分别占据其总种数的14%、8.3%、6.9%、10.8%。

生活在喜马拉雅山脉的野生动物

3.2.2 高山动物

在山地生活的各类动物中，高山动物是比较特殊的一类。高山环境恶劣，动物并不丰富，仅有一些特别适应寒冷与大风等严酷条件的动物。例如善于攀登陡崖岩坡的岩羊、盘羊以及生活在冰碛中的鼠兔。在悬崖峭壁中只要有一脚之棱，岩羊便能攀登上去，一跳可达两三米，若从高处向下更能纵身一跃10多米而不致摔伤。盘羊的腿比较长，身材比较瘦，与其他野绵羊相比其爬山技巧比较差，因此在逃跑时一般避免逃向太陡峭的山坡。鼠兔的外形酷似兔子，身材和神态又很像鼠类，全身毛浓密柔软，底绒丰厚。

适应高山生活的大型猫科动物雪豹，是中亚高山的特有种，常在雪线附近和雪地间活动。雪豹的性情极其残暴，行动敏捷，四肢矫健，很擅长跳跃和奔跑。雪豹几乎没有天敌，所以人称"雪山之王"。

高山鸟类稀少，藏雪鸡和褐岩鹨在夏季可分布至海拔6000米左右地区，栖息在向阳的冰川与冰碛垄间的小片草地上。藏雪鸡善于行走和滑翔，对高山的自然条件有很强的适应性，能在积雪30厘米的地带与岩羊、盘羊等高山有蹄类动物混杂活动，翻食野羊踏过的路径下的植物，啄食植物的球茎、块根、草叶和小动物等，有时下到牧民帐篷附近觅食。褐岩鹨是小型鸟类，以甲虫、蛾、蚂蚁等昆虫为食，也吃蜗牛等其他小型无脊椎动物和植物果实、种子与草籽等植物性食物。

值得一提的是，在一片死寂的冰川上，仍有一种冰虫生活在冰隙中。它是一种环节动物，没有翅膀，有用于咀嚼的口器。冰虫的奇特生态环境，对于研究寒冷状态下的生命活动有重要意义。

岩羊

鼠兔

雪豹

藏雪鸡

3.3 走进植物的宝库

3.3.1 植物概览

我国幅员辽阔、山脉纵横，自然生态系统表现出明显的纬度、经度和垂直三向地带性。在水平分布上的经度方向上，由于受到典型大陆性季风气候的影响，我国气候从东南向西北逐渐变干，于是形成了湿润、半干旱和干旱三种气候区域，使我国的山地基带生态系统拥有森林、灌丛、草原、荒漠等地球大型陆生生态系统的所有类型。在水平分布的纬度方向上，东部湿润地区从南到北随着热量的变化各基带生态系统又进一步分化出雨林、季雨林、常绿阔叶林、常绿落叶阔叶混交林、落叶阔叶林、针阔混交林、落叶针叶林等类型。在垂直方向上，不同基带的山地又形成各自不同的山地垂直生态系统带谱，其以雨林为基带的热带山地最为完整。

以最具代表性的中型生态系统为例，我国山地包括寒温性针叶林、温性针叶林、暖性针叶林、热性针叶林、落叶阔叶林、常绿落叶阔叶混交林、常绿阔叶林、硬叶常绿阔叶林、季雨林、雨林、竹林、常绿针叶灌丛、常绿革叶灌丛、落叶阔叶灌丛、常绿阔叶灌丛、灌草丛、草原、稀树草原、荒漠、肉质刺灌丛、高山冻原、高山草甸、高山冰缘、沼泽、水生25个生态系统类型，生态系统的丰富程度可谓世界山地之冠。

生态系统多样性是生物多样性存在的根本。在我国山地，生长着苔藓植物约2200种，蕨类植物约2600种，裸子植物约200种，被子植物约25000种，真菌约8000种，分别占世界该类植物的9.5%、21%、26%、10%、11.6%。其中，我国独有的苔藓植物有8属，蕨类植物有5属，裸子植物有8属，被子植物有235属，各类独有植物总计达15000～18000种，分别占其总属与种数的1.6%、2.2%、2.5%、7.5%和70%～80%。

被誉为"世界生物基因库"的秦岭山脉

3.3.2 濒危植物

我国是世界山地生物多样性比较丰富的国家之一，也是丧失较严重的国家。两千年以前，中国森林覆盖率为50%，20世纪80年代降到12%，20世纪90年代为16%，2015年恢复到21.63%，2022年提高到23.04%。山地灌丛、草原、草甸等自然生态系统也严重退化，这直接导致了山地物种多样性受到严重威胁。

植物专家估计，我国的珍稀濒危植物有4000～4500种，约占高等植物总数的15%。根据《中国生物多样性红色名录》评估结果显示，有40个物种已经灭绝、野外灭绝或者地区灭绝，受威胁高等植物达3879种，囊括了被子植物3363种、裸子植物148种、蕨类植物182种、苔藓植物186种，占本土植物资源总量的10.84%。在所有受威胁的被子植物中，以兰科植物653种位居榜首。裸子植物受威胁程度最高，达到50.7%。我国分布的23种苏铁科植物有22种为受威胁物种，红豆杉科和罗汉松科濒危比例分别达到81.5%和68.4%。

2021年9月8日，新调整的《国家重点保护野生植物名录》正式向社会发布，共列入国家重点保护野生植物455种和40类，总数达到1101种。其中，国家一级保护野生植物有54种和4类，总计125种；国家二级保护野生植物有401种和36类，总计976种。

国家一级保护野生植物包括荷叶铁线蕨、光叶蕨、银杏、巨柏、西藏柏木、水松、水杉、崖柏、百山祖冷杉、资源冷杉、梵净山冷杉、元宝山冷杉、银杉、大别山五针松、巧家五针松、毛枝五针松、华盖木、峨眉拟单性木兰、焕镛木、大黄花虾脊兰、美花兰、文山红柱兰、暖地杓兰、曲茎石斛、霍山石斛、象鼻兰、铁竹、华山新麦草、卵叶牡丹、紫斑牡丹、银缕梅、百花山葡萄、绒毛皂荚、小叶红豆、普陀鹅耳枥、天目铁木、膝柄木、萼翅藤、红榄李、广西火桐、东京龙脑香、坡垒、望天树、云南娑罗双、广西青梅、貉藻、琪桐、云南蓝果树、猪血木、云南藏榄、杜鹃叶山茶、辐花苣苔、珍珠麒麟菜、发菜，以及水韭属、兜兰属、苏铁属、红豆杉属的所有种。这些野生植物多数生长于山地。

荷叶铁线蕨

银杏

3.4 惊险刺激的山地运动

3.4.1 徒步

徒步并不是通常意义上的散步，也不是体育竞赛中的竞走项目，而是指有目的地在城市的郊区、农村或者山野间进行的中长距离的走路锻炼，是户外运动最为典型和最为普遍的一种。根据距离的不同，通常15千米内的徒步称为短距离徒步，15～30千米的徒步称为中距离徒步，30千米以上的徒步称为长距离徒步。由于短距离徒步活动比较简单，不需要太讲究技巧和装备，经常也被认为是一种休闲的活动。

主要作用

在景色优美、空气清新的山区徒步，会促使脑部释放内啡肽，使人精神抖擞、心情愉悦，缓解学习、工作和生活带来的压力；徒步运动会增加肺部最大通气量、增强横膈肌肉强度、缓和慢性肺气肿和支气管炎的症状、减少对抽烟的渴望；因为椎间盘承受跑步时震颤所造成的压力，所以许多慢跑者都有背痛的问题，而徒步运动时椎间盘承受的压力与站立时差不多，不易受伤，同时还能加强背肌以巩固脊柱；徒步相当于对骨骼施予重量训练，能让身体多吸收钙质，对抗骨质疏松；徒步可以帮助全身的肌肉和肌腱得到运动，消除多余脂肪，练就平坦的小腹、匀称的小腿和结实的臀部，达到塑身的效果。

人体的正常代谢中会产生出一种称为自由基的有害物质，它能破坏人体细胞膜，溶解人体正常细胞，引起人体组织的衰老甚至变异。徒步可以有效促进自由基的排出，延年益寿。此外，徒步对促进心血管系统的活力、提高呼吸肌的功能、降低血液中胆固醇含量、避免高血压的发生都有良好作用。

推荐装备

快干衣裤、徒步鞋、遮阳帽、登山杖、背包、饮用水、零食、备用衣物、毛巾、雨衣、防晒霜、个人药品（跌打药、止血贴、驱蚊药等）、照相机、指南针、防水袋、垃圾袋等。

实用技巧

徒步的基本原理及要领如下。徒步不单是腿部运动，而是全身运动，应注意通过摆臂来平衡身体、调整步伐。应控制节奏，理想的行走速度是走而不喘，脉搏尽量不要超过120次/分钟。肩沉背挺，用腹部深呼吸，全脚掌触地，从脚跟到脚尖位移。刚开始可以放缓一点，让身体各个部分充分预热，5～10分钟后再加快步伐。徒步过程中要保持自己的行走节奏，不要时快时慢，时跑时停，尽量保持匀速。

如果是多人结伴而行，要从安全角度出发，队员之间应该保持合理的距离，一般为2~3米，这样可以避免有人因各种原因如系鞋带、脱衣服、喝水等暂停时，暂停队员与前进队员不会互相影响。一般情况下，暂停队员靠右边停留，前进队员从左边跨过。与迎面而来的其他队伍相遇时，也是按我右、他左，礼貌相让通过。暂停人员与队伍的安全距离，白天必须在200米以内，夜晚必须在20米以内。在行走中，要养成良好习惯，集中精力行走，不要边走边笑，打闹嬉戏，更不能大声歌唱，这样不但分散其他队员的注意力，同时还会无谓消耗自己的体能。

行走在上坡路段时，重心应在前脚掌，身体稍向前倾。下坡时，重心应在后脚掌，身体稍微下垂。无论上坡或下坡，坡度较大时，应走"之"字形，尽量避免直线上下，这是一种相对安全的走法。上下坡时，如果需要用石块、树枝、藤条借力，一定要用手试拉，看看是否能够受力，否则很容易因为拉到松动的石块、枯萎的树枝、腐烂的藤条而跌倒受伤。

行走中的休息也要讲究方法，一般是长短结合，短多长少。途中短暂休息尽量控制在5分钟以内，并且不卸掉背包等装备，以站着休息为主，调整呼吸。长时间休息以每60~90分钟一次为宜，休息时间为15~20分钟。长时间休息应卸下背包等所有负重装备，先站着调整呼吸2~3分钟后才能坐下，不要刚停下来就坐下休息，这样会加重心脏负担。长时间休息时，可以自己或者队员之间互相按摩腿部、腰部、肩部等肌肉，也可以躺下，抬高腿部，让充血的腿部血液尽量回流心脏。

注意事项

徒步行走时，应带足饮用水，每人每天约3升，根据天气情况增减，宁多勿少。如果途中小溪、河流、湖泊有水补给，一定要先观察水源污染情况，有无人畜活动、有无动物尸体倒于水旁、有无粪便污染、是否发黑发臭等，根据观察到的情况，采取沉淀、过滤、离析等方法进行净化。一般情况下，最好先用少量水珠涂擦嘴唇，等过3~5分钟后，嘴唇没有发麻发痒才能饮用。野外补充的水，有条件的话最好煮沸5分钟再饮用。喝水要以"少量多次"为原则，喝水应该是主动的，不要等到口渴了才被动喝水。每次喝两三小口为宜，太口渴了可以缩短喝水的时间，增加喝水次数，一次喝水太多，身体吸收不了，浪费宝贵的水源不说，还会增加心脏的负担。

正常的徒步时间里排尿应该是4小时/次，可以通过观察排出的尿液颜色，了解自己体内水分脱失症状。尿液呈深黄色，微感口渴，脉搏速度正常为轻微脱水症状。尿液呈暗黄色，口内黏膜干燥，口渴，脉搏速度加快但弱为中度脱水症状。重度脱水症状为无尿液，脸色皮肤苍白，呼吸急促，口渴昏睡，脉搏快而无力。

徒步爱好者在群山之中行走　　　　　　　　休息中的徒步队伍

3.4.2　登山

登山是指在特定要求下，徒手或使用专门装备，从低海拔地形向高海拔山峰进行攀登的一项体育活动。登山运动可分为登山探险（也称高山探险）、竞技攀登（包括攀岩、攀冰等）和健身性登山。对普通人来说，一般进行的是健身性登山。

主要作用

登山对人体的好处与山区徒步相似，但登山的运动强度通常大于山区徒步。经常出外进行登山活动，从医学角度来说，对人的视力、心肺功能、四肢协调能力、体内多余脂肪的消耗、延缓人体衰老五个方面有直接的益处。

登山通常是集体活动项目。一心为集体、团结友爱、关心同伴，不仅是组织登山活动必备的思想基础，也是人们通过活动锻炼要达到的目的。从准备阶段开始，就要在同伴中加强这方面的培养和教育。有了集体主义精神，在山区中大困难会变小，小困难会变无。集体主义精神是一支登山队伍的灵魂。

推荐装备

登山前应准备的个人用品包括服装、卧具、餐具、日用品等。准备这些用品的基本原则是依据山区气候特点，尽量做到轻便、多功能、保证基本需要。其中日用品的品种在保证基本需要的前提下，根据自身条件还可配备摄影器材、望远镜、指北针、雨具、收音机等。日用品中不可忽略的是装具，最好是能够腾出双手的双肩背式的背包，外加一个腰带式腹兜。前者装放营地用品，后者装放途中常用物品。此外，不要忘了带一根手杖。登山时有了它，人就变成了"三条腿"，起到防滑、防摔、稳定重心、节省体力的作用。手杖的长度以不超过身高的一半为宜。

实用技巧

如果攀登的山峰较高或者平时较少参加攀登运动，那么在登山之前做一些热身运动是很有必要的。即利用10～20分钟做一些肌肉伸展运动，尽量放松全身肌肉，这样攀登时会觉得轻松许多。

向上攀登时，在每一步中都应有意增添一些弹跳动作，不仅省力，还会使人显得精神，充满活力。登山时不要总往高处看，尤其是登山之初，因为人的双腿还没有习惯攀登动作，往上看往往使人产生一种疲惫感。一般来讲，向上攀登时，目光保留在自己前方三五米处最好。如果山路比较陡峭，则可做Z字形攀登，这样比较省力。登山过程中，不要总是想着山有多高、爬上去还需多少时间之类的事情。不慌不忙，走走停停才能体会到爬山的乐趣，不会错过美丽的风景。在疲惫时，可以多观赏一下周围的景色，也可以唱唱歌，转移注意力，倦意会有所消减。

下山时，一定要控制自己的脚步，切不可冲得太快，这样很容易受伤。同时，注意放松膝盖部位的肌肉，绷得太紧会对腿部关节产生较大的压力，使肌肉疲劳。

在山顶休息的登山者

迎难而上的登山者

注意事项

登山对人的身心健康大有好处，但也伴随着一定的危险。为了保证安全，应该做到：登山的地点应该慎重选择，要向附近居民了解清楚当地的地理环境和天气变化的情况，选择一条安全的登山路线，并做好标记，防止迷路；备好运动鞋、绳索、干粮和水，在夏季，一定要带足水，因为登山会出汗，如果不补充足够的水分，容易发生虚脱、中暑；最好随身携带急救药品，如抗高原反应药品、云南白药、止血绷带等，以便在发生高原反应、摔伤、碰伤、扭伤时派上用场；登山时间最好为早晨或上午，午后应该下山返回驻地。不要擅自改变登山路线和时间；背包不要手提，要背在双肩，以便双手抓攀。还可以用结实的长棍作为手杖，帮助攀登；千万不要在危险的崖边照相，以免发生意外；对于团体登山，可自行购买短期团体出游意外保险。

3.4.3 露营

露营是一种休闲活动，通常露营者携带帐篷，离开城市在野外扎营，度过一个或者多个夜晚。作为一种短时间的户外生活方式，露营不依赖民房、旅店等现成建筑，而是用自己准备的物品，在山野中生活、过夜。换句话说，和其他运动休闲项目不同的是，它除了考验个人的勇气和智慧外，还要求露营者具备一定的团队协作能力和足够的生活常识，以便应对突发状况甚至危险。

星空下的营地

主要作用

① 呼吸新鲜空气。露营地点通常远离城市并且林木繁茂，人们可以呼吸到更新鲜的空气。新鲜空气中所含的对人体健康极为有益的负氧离子的量要高出城区几十倍甚至上百倍。在自然界中，负氧离子虽然看不见、摸不着，但却可以感受到负氧离子的存在。含有负氧离子的空气被人体呼吸后，进入人体循环，可调节人体植物性神经、改善心肺功能、加强呼吸深度、促进人体新陈代谢，有利人体健康。

搭建在森林边缘的帐篷

② 增进亲友感情。带上家人、朋友一起露营，不仅可以享受亲近自然的快乐，还可以增进与家人、朋友的感情。此外，还能在露营过程中结交志同道合的新朋友。良好的社交会让生活变得更有趣，还可以延长人的寿命，并改善和年龄有关的记忆力减退。

在营地篝火旁唱歌的一家四口

③ 调节情绪。许多露营者经常会感觉到，露营回来的前几天心情似乎更快乐，这并非没有道理。在户外晒太阳可以平衡大脑中褪黑激素的水平，褪黑激素是一种让人感到疲倦并可能诱发抑郁情绪的化学物质，因此通过露营，人们可以在旅行期间和之后拥有更好的心情。此外，在户外享受阳光，还可以补充维生素D，促进钙和磷的吸收。

④ 减轻压力。现代社会快节奏的生活让人压力剧增，而露营可以让人释放压力。露营时，可以远离工作和生活中的琐碎，过几天轻松自在的日子，这对身心健康是有好处的。因为身处大自然并且做自己喜欢的事情时，很难生气或烦躁。

⑤ 锻炼身体。露营时可以进行体育锻炼，就算做一些运动量不大的运动，例如钓鱼、散步等，消耗的热量也比坐在办公室消耗的热量更多。如果是徒步或骑自行车，还能使心肺功能得到锻炼。徒步时每小时消耗120～300卡（1卡=4.18焦）的热量，骑自行车每小时消耗300～500卡的热量。

⑥ 学习技能。在野外环境下，团队中的每个人都要贡献自己的一份力量，这是一个学习新技能的好机会，可以学习如何搭建帐篷、打绳结、生火、做饭等。这些技能非常重要，但在人们繁忙的日常生活中，往往没有机会学习这些技能。而在露营时，会自然而然地学习新技能。

⑦ 亲子教育。在行程开始之前，家长和孩子一起选定日期、确定露营地，并制定露营计划。在这个过程中，需要参考天气预报、查阅地图、阅读相关图书、上网查阅资料等，都可以提高孩子信息搜索和归纳的能力。而这对于孩子日后的学习、工作和生活，都是十分重要的。制定好计划后，采购装备是必不可少的，让孩子参与进来，可以提高孩子的金钱意识和计划能力。在露营过程中，家长可以教孩子一些平时没有机会学习的东西，例如认识植物、辨别星座、观测天气、识别方向等。同时，露营过程中的各项活动也会提高孩子的动手能力。

正在辨别星座的母子

⑧ 改善睡眠。睡眠对人体的好处很多，不仅可以减少炎症、改善心血管，还能增强身体免疫力。露营可以帮人形成一个自然的睡眠规律，如果你正在被失眠困扰，不妨来一次露营。研究显示，人在露营时享受黎明和黄昏的自然光，更容易入睡，而且睡眠质量也会提高。人体的生物钟在经过为期一周的露营后就会得到重设，使人们在夜里入睡更容易，早晨起床变得更容易，而且白天精力更充沛。

⑨ 享受美味佳肴。在户外做饭和吃饭别有一番滋味。在篝火上熬汤、在烧烤架上烤肉，与在家中厨房做饭是一种截然不同的体验。而盘坐在野餐垫上进食，也有一种在家中餐厅吃饭时所没有的快乐。

营地野餐

⑩ 推荐装备

▶ 帐篷。选择结构稳定、重量轻、抗风、防雨性能较强的双层帐篷为佳。

▶ 垫子。地垫、防潮垫、睡垫。地垫可以避免弄脏帐篷底布，并且防止帐篷底布被地面杂物划破。防潮垫可以防止地面水汽进入帐篷。睡垫可以提高睡眠舒适性。

▶ 睡袋。羽绒或鹅绒睡袋轻便，保暖效果好，但前提是必须保持干燥。环境条件比较潮湿时，人造真空棉睡袋可能是更好的选择。

▶ 背包。背包构架应符合自己的身体结构，并有舒适的背负系统（如肩带、腰带、背板）。

▶ 桌椅。比起直接坐在潮湿的草坪或泥地上，一套舒适的露营桌椅能极大地提高人们在户外的幸福感。露营桌椅的最大特点是方便携带，往往具备折叠或拆装功能。

▶ 天幕。露营大多是在空旷的地方，很少有树木遮挡，白天太阳会很晒，所以选择一款防晒的天幕很重要。

▶ 生火用具。打火机、火柴、蜡烛等。其中蜡烛既可用作光源，又是极好的助燃剂。

▶ 照明用具。营灯、头灯、手电筒等。

▶ 野炊用具。水壶、多功能野炊锅、风挡、多功能折刀、餐具等。

▶ 专用工具。户外电源、指南针、地图、绳索、折叠锹、针线、鱼钩、鱼线、砍刀、照相机等。

▶ 水和食品。矿泉水、罐头、料理包、干粮、盐等。

▶ 驱蚊防虫。户外蚊香、驱虫粉、雄黄粉等。

▶ 急救箱。解毒剂、消毒粉、感冒药、腹泻药、云南白药、镇痛药、纱布、胶带、绷带等。

搭建在地垫和天幕之间的帐篷

实用技巧

① 出行准备。在制定露营计划时，应该思考以下几个问题：要去哪里？去几天？带多少食物？带多少水？途中是否能得到补给？带哪些药物最稳妥？要去干什么？要带哪些装备？是否准备好了？可能发生什么？该怎么解决？万一不能按原计划进行怎么办？

如果都想清楚了，即可列出采购清单、拟订出行日程。对于即将前往的地方，掌握和了解的信息越多越好。需要详细研究地图，同时多读一些相关资料，多与熟知当地情况的朋友交流。需要知道当地的气候条件，并且研究当地人的生活习惯和特点，了解他们对外来者是怀有敌意，还是非常友好，尽可能了解当地的习俗和各种禁忌。临行前，确保自己处于健康的状态，要是生病了，那么计划必须推迟。

② 选择营地。营地的选择要用充分的时间进行考虑，如果是传统线路，可以走到固定营地扎营，这样的好处是领队熟悉营地周围情况，不用重新考察营地。如果是未知线路，那么在日落之前两小时就应开始留意合适的营地位置，切记不可在黄昏后才开始选择营地，这是一个很大的误区。一般情况下，经过一天的户外活动，很难再有充沛的精力去选择较佳的营地，而且选择的机会不多。在选择营地时，应遵循以下原则。

▶ 近水。露营地点必须靠近水源地，但也不能将帐篷搭建在河滩上或是溪流边，一旦下暴雨或上游水库放水、山洪暴发等，就有生命危险。尤其在雨季及山洪多发区。

▶ 背风。在野外露营应当考虑风向问题，应选择一处背风的地方搭建帐篷，帐篷门不要迎着风向。背风扎营不仅能防止夜间的低温伤害，也方便用火。

▶ 远崖。不能在悬崖下面扎营，一旦山上刮大风，就有可能将石头、枯木等物刮下，造成危险。

▶ 近村。营地靠近村庄，一旦有急事就可以向村民求救，在没有柴火、蔬菜、粮食等情况时就更为重要。近村也是近路，方便队伍的行动、转移。

▶ 背阴。对于一个需要居住两天以上的营地，在天气很好的情况下应该选择一处背阴的地方扎营，如在大树下面及山的北面，最好是朝照太阳，而不是夕照太阳。这样，如果在白天休息，帐篷里就不会太闷热。

▶ 防兽。扎营时要仔细观察营地周围是否有野兽的足迹、粪便和巢穴，不要建在多蛇多鼠地带，以防伤人或损坏装备设施。如果没有携带驱虫、驱蛇的药物，可以在营地周围撒些草木灰，也能防止虫、蛇的侵扰。

▶ 防雷。在雨季或多雷电区，绝不能在高地上、高树下或者比较孤立的平地上扎营，否则很容易招致雷击。

搭建在背风处的帐篷

③ 营地分区。为了方便住宿、就餐、娱乐，还应该将营地分区，如帐篷区、取水区、用火区、就餐区、娱乐区、卫生区等。

布置帐篷区时应当考虑背风问题，尤其是在一些山谷、河滩上，应选择一处背风的地方。所有帐篷应是一个朝向，即帐篷门都向一个方向开、并排布置，并且朝着不迎风的方向。帐篷之间应保持不少于1米的间距，非必要时尽量不系帐篷的抗风绳，以免绊倒人。必要时可以在帐篷区外用石灰、焦油等刺激性物质围帐篷画一道圈，设置警戒线，避免毒蛇、蜈蚣、蚂蚁等动物的侵入。

布置取水区时，应在溪流、河流上分上下两段，上段为食用饮水区，下段为生活用水区。

就餐区应紧挨用火区，以便做饭及就餐，这个区域要与帐篷区有一定的距离，以防火星被风吹起而引燃帐篷。做饭的地方最好选择有土坎、石坎的地方，以便挖灶、建灶。拾来的柴火应当堆放在娱乐区外或上风口处。

娱乐区应在就餐区的下风口处，以防活动的灰尘污染餐具等物，距离帐篷区应在15～20米，以减少对早睡同伴的影响，同时注意清理场地里绊脚、碰头的物品，以免发生意外事故。

卫生区就是上厕所和倾倒食物残渣的地方，应在帐篷区的下风处，与就餐区、娱乐区保持一定的距离。如果只是露营一晚，可以不必专门挖建茅坑，指定一下男女方便处即可。如果人数多或者露营时间在两天以上，则应挖建茅坑。

山顶的帐篷群

④ 搭建帐篷。搭建帐篷前，应该先将地面打扫干净，清除石块、矮灌木等各种不平整、带刺、带尖物的物品，不平的地方可用泥土或杂草填平。场地平整后，即可按以下步骤搭建帐篷。

第一步，检查帐篷用具。将袋中收纳的用具倒出，逐一检查各部分零件。为了撤收帐篷时方便和不遗漏物品，应先予以记录。

第二步，铺设地垫。将地垫展开铺好后，用钉子将四个角固定。

第三步，竖起支柱，拉开主绳。将帐杆穿入帐篷内，把内帐搭建完成，再将外帐搭在内帐上面固定，同时将帐杆插入地席两端的孔中，这样帐篷的主体就形成了。

第四步，调整主绳、附绳。根据风向调整主绳，主绳都是逆风而拉，外帐上有四根主绳、两根附绳，如果在扎营时就感觉到风很大，那么晚上的风可能会更大，这时可以将四根主绳中的两根拉向逆风区，其余两根拉向逆风区的两边，即左半区和右半区，这样做是为了防止晚上风大，在山区或林区有旋风。附绳可以根据实际情况进行调整。在拉主绳时应该注意，不能拉得太长，以离开帐篷5～10厘米为宜，这样一是为了防止晚上出行被绊倒，二是可以更牢固地抓住帐篷。主绳用地钉就可以固定，地钉以45度角插入地面，不可直上直下。

第五步，整理帐篷内务。帐篷搭建完成后，即可整理内务。将防潮垫放入内帐，将睡袋打开并平铺在内帐中，这样可以让睡袋变得蓬松，睡觉时更加保暖。将不用的物品整理放入内帐，如帐篷外袋、地钉袋、背包等。将头灯、手电筒放到伸手就可以拿到的位置。如果天气较冷，那么在整理内务后首先要做的就是添加保暖衣物。

正在学习搭建帐篷的孩子

⑤ 注意事项

▶ 帐篷内生火做饭。因天气恶劣不得不在帐篷内生火做饭时，帐篷内应保持空气流通。如果觉得恹恹欲睡，或发现火焰呈黄色而不是蓝色，就可能是氧气不足，应该马上走出帐篷。使用火炉时，应将炉子平稳地放在地面，以防翻倒。平时应把炉子和燃料筒放在远离帐篷的地方。

▶ 帐篷着火。假如帐篷着火，应马上离开。留意有没有燃着的碎布落在身上，有的话则要扫掉，然后用衣服或用睡袋扑灭。只要动作敏捷，衣服就不会烧着。走出帐篷后，放倒支柱，必要时解开主要绳索，然后扑灭火焰；或者抓住帐篷一端，把它拖离火焰和帐篷内的物件。如果火势猛烈，无法走近，就要果断放弃帐篷。

▶ 帐篷漏水。如果雨水漏进帐篷，可以用熔化的蜡或胶布封住孔洞。如果漏水不止，可以用防水夹克或塑料布包裹衣服和睡袋。检查帐篷搭建是否正确，检查地席、地布是否伸出帐篷外面。

▶ **帐篷被淹。**如果帐篷被淹，鸭绒睡袋被弄湿了，就会失去保暖作用，因此最好丢下睡袋和帐篷，移往干燥的地方。如果附近别无栖身之地，就用树枝架起一个台子，换上干衣服，坐上去等待天亮。如果天气非常寒冷，要尽量保持体温。方法之一是不要套上最外面一两层衣服的袖子。先扣好纽扣或拉上拉链，然后把衣服从头上套下，包着上身，双手夹在腋窝下。睡袋若是人造纤维材质，即使湿了，仍能保暖，所以应立刻截断水流，例如在帐篷四周挖一道沟，把水流引向他处，然后弄干帐篷内的地面，拧干睡袋。

▶ **帐篷被风吹塌。**若强风吹塌帐篷，要重新搭建是极其困难的。如果天气恶劣，又没有汽车之类的栖身之所，还是留在帐篷内最安全。用身体压着帐篷边缘或与帐篷相连的防潮垫，以防帐篷被风吹走。用背囊架或一根支柱撑起帐篷，以扩大帐篷内的空间。

雨中的营地

3.4.4　攀岩

攀岩是一项在天然岩壁或人工岩壁上进行的向上攀爬的运动项目，通常被归类为极限运动。攀岩运动要求人们在各种高度及不同角度的岩壁上，连续完成转身、引体向上、腾挪甚至跳跃等惊险动作，集健身、娱乐、竞技于一身，被称为"峭壁上的芭蕾"。

主要作用

攀岩是一项锻炼综合素质的运动，不仅可以获得惊人的勇气、过人的力量、极好的柔韧性，更可以提高耐力和判断力，使人在激烈竞争、纷繁紊乱的都市生活中应对自如。参与攀岩，会让人在与悬崖峭壁的抗衡中学会坚强，在与大山的拥抱中感受宽容，在征服攀登路线后享受成功与胜利的喜悦。

推荐装备

攀岩的装备主要有两种用途：一是用来保证此项运动的安全；二是为了让攀岩者的表现更出色。前者包括主绳、安全带、铁锁、保护器、扁带、快挂、岩石塞、岩钉、膨胀钉、挂片、冲击钻、抱石垫、头盔等；后者较简洁，主要有攀岩鞋、镁粉袋等。

实用技巧

三点固定法是攀岩的基本方法。攀岩时身体要自然放松，以三个支点稳定身体重心，而重心要随攀登动作的转换移动，这是攀岩能否稳定、平衡、省力的关键。要想身体放松就要根据岩壁陡缓程度，使身体和岩壁保持一定距离，靠得太近，会影响观察攀岩路线和选择支点。但在攀登人工岩壁时要贴得很近。在自然岩壁攀登时，上、下肢要协调舒展，要有自己的节奏，手脚要同时用力，身体重心一定要落在脚上，保持面向岩壁、三点固定支撑、直立于岩壁上的攀登姿势。

手在攀登中是抓住支点、维持身体平衡的关键，手臂力量的大小直接影响攀登的质量和效果。因此，一个优秀的攀岩者必须有足够的指力、腕力和臂力。对初学者来说，在不善于充分利用下肢力量的情况下，手臂的动作就显得更为重要。手臂的用力方法，在人工岩壁攀登和自然岩壁攀登时情况有所不同，前者要求第一指关节用力抠紧支点的同时，手腕要紧张，手掌要贴在岩壁上，小臂也要随手掌紧贴岩壁而下垂，在引体时，手指（握点）有下压抬臂动作，其动作规律是，重心活动轨迹变化不大，节奏更为明显。但攀登自然岩壁时其动作就变化很大，要根据支点不同采用各种用力方法，如抓、握、挂、抠、扒、捏、拉、推压、撑等。

一个优秀攀岩者的攀登技术发挥得好坏，关键是两腿的力量是否能充分利用。只靠手臂力量，攀登不可能持久。脚的动作要领是两腿外旋，大脚趾内侧贴近岩面，两腿微屈，以脚踩支点维持身体重心，在自然岩壁支点大小不一和方向不同的情况下，要灵活运用。但要切记，膝部不要接触岩石面，否则会影响到脚的支撑和身体平衡，甚至会造成滑脱而使膝部受伤。另外，在用脚踩支点时，切忌用力过猛，并要掌握用力的方向。

注意事项

攀岩前要选择好攀岩路线，不同的高度、角度的岩道，不同位置大小的岩眼，其难易程度都会不同。同时，要换上适当的衣服，活动关节，放松肌肉，调节心理，使自己处于灵活的状态。攀岩时要依靠冷静的判断力、坚强的意志，通过四肢的协调，保持有三点紧贴岩壁，保持身体的重心落在前脚掌，减轻手指和臂腕的负担。登顶下落要注意配合下落趋势，适当地用脚支撑，避免擦伤。

正在攀爬天然岩壁的攀岩爱好者

徒手攀岩

3.4.5　攀冰

攀冰由攀岩运动发展而来，是攀登高山、雪山的必修科目，更是登山运动的基本技能之一。目前攀冰的对象主要是自然冰，分为冰瀑和冰挂两种。攀冰这项曾经被视为专业运动员才能从事的极限运动，由于近年众多冰瀑、冰壁的开发以及攀冰装备的不断进步，已经变得容易入门，成为众多户外运动爱好者心仪的冬季时尚运动。

主要作用

攀冰以其独特的技术装备、童话世界般的活动环境、刺激的身心感受，被誉为"冰瀑上的芭蕾"。当人们在冰壁上攀爬时，所有的注意力都集中在冰镐和冰面上，无暇顾及其他。所有的烦心事都会远离悬挂在高空中的攀登者，只有"向上"这一个意志在推动身体。攀冰还可以锻炼身体的协调性、肌肉的韧性，全方位提升身体素质。作为极限运动的一种，攀冰也有利于培养坚定不移、处变不惊的品质。

推荐装备

攀冰是一项借助装备、器械而进行的运动，要求装备质量高且经久耐用。攀冰所需的主要技术装备包括冰镐、冰锥、冰爪、头盔、高山靴等。其他的器材如安全带、绳索（防水）、上升器、下降器等与攀岩是一样的，此外还需要分指手套、登山服等保暖、防水、透气的服装。

实用技巧

德式技术是比较安全的攀冰方法。与法式技术不同，它采用两支小冰镐，轮番插入冰雪坡中交替上升或下降，有点类似于攀岩的方法，即"三点固定、一点移动"。这样就和攀岩一样，是"三点固定"。由于非常适合攀爬坡度大于60度且小于90度的冰壁，故现在大多数攀冰者都采用这种技术。

法式技术起源早于德式技术，其攀爬特点不同于一般的攀岩技术：通过一支大冰镐进行攀爬，所以它采用"两点支撑，一点移动"技术，即用一只脚或一支冰镐支撑身体，移动另一只脚或冰镐，因此它的技术要求比较高，且冰坡超过60度时一般不采用这种方法。法式技术的要领是：双手在胸前横握冰镐，一只手握住冰镐三通处，冰镐的尖端向下，另一只手握冰镐1/3处，双手间距离相当于肩宽。双臂用力将冰镐扎牢于冰面，然后依次移动双脚，反复进行。

注意事项

将冰镐扎入冰面时，不要用力过猛，而且冰镐不要晃动，因为这样会使冰面破裂，影响其稳固性。踢脚时要用力使冰爪尖牢牢扎入冰面，这关系到身体的稳定和攀爬的质量。

攀冰时保护点的设置，与其他野外活动中的保护点设置一样，必须掌握独立、均衡、有富余的三条原则。在冰壁上设置保护点至少需要三个冰锥，保证设置冰锥处没有裂缝，没有鼓包，没有气泡，没有流水，冰锥尽力全部旋入。三个冰锥间距应尽量远，在半米左右。

手持冰镐的攀冰爱好者　　　　　　　　攀冰爱好者互相协同

3.4.6 滑雪

滑雪运动是将滑雪板装在靴底，在雪地上进行滑行、跳跃和滑降的竞赛运动。纯竞技滑雪具有鲜明的竞争性、专项性，相关条件要求严格，非一般人所能具备和适应。旅游滑雪则是出于娱乐、健身的目的，受人为因素制约程度很小，男女老幼均可在雪场上轻松、愉快地滑行，享受滑雪运动的无穷乐趣。由于高山滑雪具有惊险、优美、自如、动感强、魅力大、可参与面广的特点，因此被视为滑雪运动的精华和象征，更是旅游滑雪的首选和主体项目。通常情况下，评估一个人滑雪技术水平的高低，多以高山滑雪为尺度。

主要作用

滑雪运动能增强人体的平衡能力、锻炼协调能力、增强身体的柔韧性、增强心肺功能、减去多余的脂肪、振奋低落的情绪。对孩子而言，滑雪最大的好处就是锻炼孩子的意志，培养孩子勇敢、顽强、果断的性格。

推荐装备

高山滑雪的器材有四大件，即滑雪板、滑雪鞋、固定器、滑雪杖。高山滑雪着装也有一大三小共四件，滑雪服为大件，滑雪手套、滑雪帽（或头盔）、滑雪镜为三小件。

实用技巧

滑雪是一项动感强烈、富于刺激的体育运动。初学者首先应该学好基本的滑雪技术，要在富有经验的滑雪教练指导下进行系统的培训。初学者在选择滑雪场地时，坡度不能太陡，6度左右最好。滑雪道要宽，50米左右为宜。要有乘坐式索道来运送滑雪者（牵引式索道不利于滑雪者休息）。雪质要好，要有大型雪道机对雪面进行修整和保养，这一点对初学者很重要。在时间的安排上，学习滑雪的时间不应少于3天，在这期间主要学习高山滑雪器材的使用方法；三种基本的滑降技术，包括直滑降、斜滑降、犁式滑降；两种转弯技术，包括犁式转弯技术和犁式摆动转弯技术。在初级滑雪道上对这些技术进行反复练习，力求在实践中掌握要领。

注意事项

滑雪前应仔细了解滑雪道的高度、宽度、长度、坡度以及走向。由于高山滑雪是一项处于高速运动中的体育项目，从看起来很远的地方一眨眼就能到眼前，如果滑雪者不事先了解滑雪道的状况，滑行中一旦出现意外情况，根本就来不及做出反应，这一点对初学者尤其重要。要根据自己的水平选择适合自己的滑雪道，切不可过高估计自己的水平。

在滑行中如果对前方情况不明，或感觉滑雪器材有异常时，应停下来检查，切勿冒险。在结伴滑行时，相互间一定要拉开距离，切不可为追赶同伴而急速滑降，否则很容易摔倒或与他人相撞。滑行中如果失控跌倒，应迅速降低重心，向后坐，不要随意挣扎，可抬起四肢，屈身，任其向下滑动。要避免头部朝下，更要避免身体翻滚。

滑雪运动员正在比赛

滑雪爱好者正在学习滑雪

3.5 不可不知的山野求生技能

野外生存是挑战生理、智力和技能极限，接受肉体和精神磨炼，挖掘胆略与意志潜能，面对生存与死亡考验的一项有意义的活动。丰富的野外生存知识和顽强的毅力，是战胜各种艰难险阻、摆脱困境的必备条件。在各类地形环境中，山地是深受野外求生者喜爱的一类环境。山地环境恶劣、气候多变，但富含自然资源，是非常适合磨炼求生意志、提升生存技能的一种地形环境。

3.5.1　寻找水源

众所周知，万物都离不开水，有水的地方，才会有生命的存在。对人类而言，水不但能解渴，更重要的是水对人类的生命还具有功能性，人类的一切生理活动如心脏跳动、调节体温、氧气输送、食物消化、废物排泄、血液循环、细胞代谢、关节润滑等都是靠体液（水）来帮助完成的。人体一旦缺水，后果是很严重的。缺水2%～3%，人会感到口渴；缺水6%，人会口干舌燥，皮肤起皱，意识不清，甚至幻视；缺水20%，人就会因为严重脱水而死亡。因此在所有的野外生存物资中，水是最重要的。如果要想在野外生存更长的时间，就必须懂得如何寻找水源或者如何制取淡水。如果没有食物，人仍然可以在一定的条件下继续维持生命，但如果没有水，人就只能存活几天。因此，在野外生存时，寻找水源是当务之急。

在山区寻找水源前，为了减少不必要的体力消耗，应当做到目的明确。可以选一个地势较高、视野开阔的地点，来观察、分析可能有水源的线索。例如：看看什么地方植物茂密，什么地方有鸟群绕飞盘旋，什么地方有蝴蝶在翩翩飞舞，什么地方有峡谷和河流。通过认真的观察和分析后，即可开始寻找水源。

利用地形

在山区，要尽量往山谷下寻找水源，走到最低点，大多数时候都会发现水源。有时山谷里会形成小溪，若发现干涸的河床，这个时候一定不要失望，在河床的低洼处仔细寻找，如果还是没有水源，就试着往下挖，干的河床沙石下面很有可能挖到水。看到悬崖也不要放过，大多数情况下，悬崖下面是可以找到水的。洞穴也是可能有水的地方，特别是在石灰岩地区，岩石上会有裂缝，有时会有泉水或渗水。这样的地方往往岩壁上会有锈迹，出水口附近也会有青苔或卷柏。干涸的水池也有可能挖出水，假如发觉有龟裂的泥片，选择相对濡湿的地方挖下去，多数时候会有水出来。

有水源的山洞

利用动物

动物同样也离不开水，很多动物可以帮人们找到水源，特别是两栖类动物。因为两栖类动物在由水生过渡到陆生时，身体变化还不彻底，它们的皮肤还不具备避免水分蒸发的功能，需要随时到水中湿润体表。因此，有两栖类动物出没的地方，附近肯定有水源。爬行类动物也喜欢傍水而居，有蛇的地方，也容易找到水源。有的鸟类，特别是燕子，会在水源地上方绕飞，远远地就可

在水源处撒欢的叉角羚

以发觉。昆虫也有指示水源的作用，如蝴蝶、蜻蜓、蚊子、蜉蝣等喜欢在水源附近活动。哺乳动物的足迹也是很好的水源路标，它们大多数喜欢在傍晚去喝水，很多时候顺着哺乳动物的足迹就能找到水源。

利用植物

植物的生长与水息息相关，因此可以将某地区植物的生长和分布作为寻找地下水源的线索。大多数情况下，植物生长茂盛的地方都会有水源。自然界各类喜水植物，如阔叶植物、深根植物等生长茂盛的地方，基本都是找水的线索。

山间水沟两侧生长着喜水植物

鉴定水质

在极度干渴之际找到水源后，最好不要急于狂饮。由于水在自然界的广泛分布和流动，特别是地面水流经地域很广，一般情况下难以保证水源不受污染。在野外没有检验设备时，可以根据水的色、味、湿度、水迹概略地鉴别水质的好坏。纯净的水在水层浅时无色透明，水层深时呈浅蓝色。一般清洁的水是无味的，而被污染的水带有一些异味。如含硫化氢的

山间的潺潺溪流

水有臭鸡蛋味，含盐的水有咸味，含铁量较高的水有金属锈味，含硫酸镁的水有苦味，含有机物质的水有腐败、臭、霉、腥、药味。此外，还可用一张白纸，将水滴在上面晾干后观察水迹。清洁的水是无斑迹的，有斑迹则说明水中杂质多、水质差。

水的消毒

一般来讲，除泉水和井水（地下深水井）可直接饮用外，不管是河水、湖水、溪水、雪水、雨水、露水等，还是通过渗透、过滤、沉淀等方法得到的水，都应消毒后再饮用。水的消毒主要是杀灭有害人体的致病微生物，主要方法有物理法和化学法两种：物理法是将水煮沸消毒，这是一种既容易又简单，而且比较可靠的消毒方法；化学法是利用化学药品氯、碘、高锰酸钾、漂白粉、明矾、饮水消毒片等进行消毒。无论采用哪种消毒方法，在喝水后的几个小时内都要留意自己身体的反应。如果发生腹痛、腹胀、腹泻的现象，一方面要着手治疗，另一方面要改变消毒方法，或者重新寻找水源。

3.5.2 获取食物

在农业和畜牧业出现以前，人类主要依靠采集和狩猎获取食物，同自然界进行斗争的能力很弱，生存很大程度上依赖自然条件。对迷失荒野的人来说，如果事先没有准备足够的口粮，就只能像远古人类一样通过采集野生植物和狩猎野生动物来获取食物。

植物类食物

植物是重要的食物来源，尽管它们可能无法提供均衡的饮食结构，但却可以维持人的体力。很多植物类食物，例如坚果、种子等，能够提供足够的蛋白质。植物的根部含有天然的糖分，能提供热量和碳水化合物。如果身处一个野生动物稀少的地区，植物的食用价值会变得更重要。通常情况下，获取植物类食物要比获取动物类食物更容易。植物类食物通常包括野菜、野果、蘑菇等。

在山区，野菜是绝佳的食物，它的获取难度较低，却具有清新的口感和丰富的营养。很多野菜还具有药用价值，不仅能让人填饱肚子，还能调养身体。在盛产野菜的春季，野外生存将更加顺利。常见的野菜有苦菜、蒲公英、荠菜、堇菜、大蓟、蕨菜、淡竹叶、蕺菜、马齿苋、莼菜、野苋菜、刺儿草、扫帚菜、芦苇、青苔、野慈姑、鸭胚草、天门冬、木莲、火炭母草、夏枯草、虎耳草、荇菜、车前草、野葱等。这些野菜的生长习性各不相同，可根据实际情况选择自己认识的野菜进行采摘。

蕨菜

野果通常分为鲜果和坚果两类，鲜果通常富含糖分和维生素，而坚果是植物的精华部分，一般都营养丰富，含蛋白质、油脂、矿物质、维生素的量较高。常见的可食野果有：椰子、木瓜、山葡萄、蓝莓、蓝靛果、茅莓、沙棘、桑葚、松子、榛子、火把果、桃金娘、胡颓子、乌饭树、余甘子、树莓、刺角瓜、红毛丹、枳椇、佛手柑、白果、香榧等。

蘑菇广泛分布于世界各地，是野外生存时不可多得的优质食物。蘑菇

木瓜

营养丰富，富含人体所需的氨基酸、矿物质、维生素和多糖等多种营养成分。蘑菇在多种环境中都有生长，因此很容易获取。森林是蘑菇理想的生长地，也是所有蘑菇生长地中产量最高的地方，由于树种的不同，产量也不同，形态和种类也不同。按照生长地点，蘑菇大致分为树生蘑菇和地生蘑菇两类。树生蘑菇生长在树干或树桩上，个体常较大，羽状，无毒，分布广。常见的树生蘑菇有牛排真菌、多孔硫菇、鳞多孔菇、胸膜牡蛎菇、蜜黄环菇等。地生蘑菇生长于地面土壤中，种类很多，有些种类毒性非常大。常见的地生蘑菇有鸡油菌、号角菇等。需要注意的是，粪堆上也会长蘑菇，但通常都是毒蘑菇，仅有少数几种可以药用。蘑菇富含水分，但也易于晾干。在供应量充足时，尽可能多收集一些，储存备用。

牛排真菌

鸡油菌

动物类食物

野外生存只食用植物类食物是不够的，因为户外运动会消耗大量体能，需要补充蛋白质和脂肪。动物类食物比植物类食物更有营养，在一些特定的地方，动物类食物也比植物类食物更容易获得。不过，要获得动物类食物，必须了解各种野生动物的习性以及如何捕捉它们。在山区，可供食用、相对容易捕捉的动物有昆虫、鸟类、爬行动物、小型哺乳动物等。

昆虫作为人类食物的历史源远流长，世界上的许多国家和地区，都有食用昆虫的习惯。据不完全统计，我国各地作为食物食用的昆虫约有数十种。昆虫不仅含有丰富的有机物质，例如蛋白质、脂肪、碳水化合物，无机物质如各种盐类，钾、钠、磷、铁、钙的含量也很丰富，还有人体所需的游离氨基酸。根据资料分析，每100毫升的昆虫血浆

蜂蛹

含有游离氨基酸24.4～34.4毫克，远远高出人血浆的游离氨基酸含量。昆虫体内的蛋白质含量也极高，烤干的蝉含有72%的蛋白质，黄蜂含有81%的蛋白质，白蚁体内的蛋白质比牛肉还高，100克白蚁能产生500卡（1卡=4.18焦）热量，100克牛肉却只能产生30卡热量。除营养丰富外，昆虫还具有世代短、繁殖快、容易获取等特点。当口粮消耗殆尽之时，昆虫往往是首选食物。

鸟类喜欢聚集在栖息地，可以在森林边缘、林中小径、林间空地、河流两岸、湖边等地找到它们。鸟类没有嗅觉，但是它们的视觉和听觉特别敏锐，所以很难在毫无准备的情况下捉到它们。不过鸟类的进食、睡眠、饮水以及活动很有规律，观察它们的习性和活动，就可以预见它们的行为，这有助于成功猎杀或诱捕它们。

在爬行动物中，适合作为食物的是蛇类、蜥蜴、龟类等。捕蛇的最佳时机是在气温不高也不低的清晨和傍晚，任何有覆盖物的地方都可能藏有蛇，可以利用专业工具捕蛇，也可以徒手捕蛇。世界各地几乎都能发现蜥蜴，不过在热带和亚热带地区更为多见，可以用棍子击打它们，也可以在棍子的一端系上草或树皮做成一个套索，用套索套住它们。陆栖龟类大多为草食性，鳖类大多为肉食性，其他种类也有杂食的，温带种类冬季蛰伏（冬眠），热带种类炎热时期蛰伏（夏眠）。

对于小型哺乳动物，可以采用徒手追捕或借助简易工具追捕的方法。一般情况下，可以徒手追捕的小型哺乳动物有野兔、老鼠、负鼠、土拨鼠、海狸、麝鼠、松鼠、犰狳、臭鼬、猫鼬、豪猪等。

使用棍棒捕蛇

森林中的豪猪

3.5.3　建庇护所

除了水和食物，建庇护所也是野外生存的重要技能之一。庇护所的主要功用包括防晒、遮风、避雨、保暖、防止野兽袭击等。在某些地区，建庇护所可能比寻找食物更重要，甚至比寻找水源更重要。例如，长时间暴露于严寒天气下可能会导致极度疲劳和虚弱，而极度虚弱的人可能会产生消极的情绪，对前景悲观。

一个合适的庇护所可以有效避免悲观情绪的产生，所以这时庇护所的重要性超过其他需求。

主要原则

庇护所的类型取决于当地的自然环境、获取原材料的难易程度等，如果庇护所仅作为一个临时性的保护地点来使用，那么只需要在修建一个更好和更持久的庇护所之前，临时拼凑一个避身的地方即可。对于那些准备长途跋涉、寻求救援的人来说，在中途休息的任何地点，都可以搭建临时的避身帐篷。如果避身帐篷足够轻便，并且有迹象表明此后的路途中可能会没有适宜的建筑材料时，甚至可以将帐篷随身携带。如果自身有伤或者同伴中有病人，就需要修建一个长期的庇护所，作为让病人恢复健康的休养场所。当不幸遇上持续的恶劣天气时，也需要在一个长期的居所里等待天晴。

当身处一个陌生的环境中时，至少应在日落前2小时开始寻找庇护所。理想的地点应该是可以防风遮雨，不会被山洪淹没的较高的地点，并且保证没有落石或者雪崩的威胁。总体来说，在选择庇护所时要注意考虑气温、降水、风力、风向以及野生动物的威胁等。

在寒冷的环境下，需要抵挡冷空气。在炎热的环境下，需要阴凉和空气流通的环境。如果所处的地点又低又湿，便应该向上攀爬，寻找干燥的地方作为庇护所。根据常识，热空气会向上升，而冷空气会向下降，所以冷空气常常聚集在谷底，而且在天气寒冷的时候，很容易形成湿雾和霜雪。在某些降雨多的区域，沿着山坡有许多平台，那里通常都要潮湿一些，这是因为平台能够接纳和保存雨水。

理想的庇护所还要满足靠近水源的条件，同时附近要有充足的林木可以利用。不过，帐篷的搭建地点过分接近水源的话，极易受到蚊虫的骚扰（主要在夏季），而且水流的声音会干扰人的判断能力，使人不能及时察觉危险，或者让自己与救援的队伍失之交臂。如果是在河岸上，应找出河流达到最大流量时河水所处的高度——在山里，一条潺潺的小溪在暴雨开始之后的几分钟内就可以变成一条湍流，并可以在1小时内上涨5米水位。如果附近的山脉有暴雨，小溪流极有可能在没有任何预兆的情况下变成滚滚洪水。因此，要选择平坦并且没有太多石块的地方，使自己有足够的空间来发送求救的信号，让自己容易被救援者发现。

树根形成的天然庇护所

在寻找庇护所时，要注意察看自己头顶的周围有没有蜂巢，有没有容易在暴风雨或是强风中倒下的死树。另外，还要远离孤零零的高大乔木，它可能会成为雷电的目标。如果处在森林地带，应尽量待在森林边缘，以便自己看清楚周围正在发生的事件。建庇护所时，还要注意避开野兽经常出没的路径，以免庇护所被野兽摧毁，甚至人身安全受到威胁。如果可能，尽量将庇护所建在有人类留下痕迹的地方。

利用树木

在山区，可以利用拦腰弯折但仍与树桩相连的树干，将其作为抵挡山风的遮蔽物。不过，要确保树干与树桩的连接足够牢固，以免在树枝被大风吹落时砸到头部。为了增强防风效果，还可以将一些细枝绑到大树枝上。如果没有遇到天然弯折的树干，可将折断的大树枝绑在树木的树干分叉处，也能形成类似的庇护所。如果能找到一根较粗的圆木或者倒地的树干，它的方向恰好与风向垂直，那么也可以利用它来取得防风的效果。具体做法是在圆木或树干的背风处挖出一个足以藏身的凹坑，这样便能达到防风的目的。如果还需要遮阳或避雨，可在凹坑顶部堆积一些带叶的树枝。

藏身在断树下的求生者

利用山洞

山洞是现成的长期庇护所。即便是很窄很浅的洞穴，也能成为很好的庇护所。大的山洞可以改造成舒适可靠的小家。位于山谷较高处的山洞往往比较干燥，即使山洞上面有水流过，并能渗入洞内也一样。洞内的气候受外界影响较小，需要做的改建工作并不多，通常只需要利用岩石、泥土、树枝或者圆木等各种材料修建一个出入口的屏障。如果洞口迎着风，就需要构建双层的挡风屏障，两个屏障相互间有重叠，同时还起到出入口的作用。

山洞内部

山洞内也许很凉，也许早先居住着野兽，所以接近这样的山洞时要格外小心。找到山洞后，先将大量的枯干枝条堆在洞口前面，生起篝火，这样就可以把野兽吓跑。千万记住要留给它们一条逃跑的路径。生火时，要选在距离洞口较远的地方，这样烟会升到洞顶，最后通过洞口与屏风中间预留的烟道散发出去。如果是敞口的山洞，烟就不容易散去，而且会被风吹进山洞深处。如果把洞口封闭起来，一定要保证已经预先留出了让烟雾散去的缝隙。

3.5.4　野外取火

在人类发展史上，用火是继石器制作之后，又一件划时代的大事。火对人类的生活和生产都有着巨大的意义，它开创了人类进一步征服自然的新纪元。对于在野外求生的人来说，火是必不可少的，它具有多种多样的用途。在气温较低的地区，就算没有足够的保暖衣物，火也能给人的身体带来温暖；若衣服被雨水或露水弄湿，用火可以快速烘干衣服；火可以烧开生水，还可以用来煮熟食物，从而减少疾病，并扩大食物的来源和种类；火可以吓跑危险的野兽，也可以驱赶烦人的蚊虫，使你在夜里安然入睡，为接下来的求生行动积蓄力量；用火可以煅烧金属工具，在制作弓箭、木矛时也需要通过火烤矫正器身；需要发送求救信号时，火堆发出的浓烟是一种不错的选择。

在中国古代，取火方法主要有钻木取火、击石取火、火镰取火、阳燧取火、火柴取火等。进入现代社会以后，人类发明了打火机取火、电火花取火等新技术，为人类的生产和生活创造了更便利的条件。日常生活中，现代取火方法已经完全取代了古代取火方法，但对于物资有限的野外求生者来说，必须学会利用周围的天然材料来取得火种，不能依赖打火机或者其他现成的取火方法。毕竟，没有谁能保证自己身上无时无刻都带着现代取火工具。

钻木取火是最古老的取火方法，也是伴随人类时间最长的取火方法。对于在野外生存的人来说，钻木取火是取材较方便、成功率较高的一种方法，因此，要熟练地掌握这种最基本的取火方法。钻木取火有多种方式，其中比较省力的是弓弦钻木法。

弓弦钻木法的具体方法如下。用一块笔直的硬质木材制作一根立轴，其长度为30～45厘米，直径约2厘米。将立轴的一端打磨成圆形，紧接着把这一端插入一个浅窝（这个浅窝是在一块硬质木板上面挖出来的，可以利用这块木板来压住整根立轴，这样就可以使整个取

钻木取火

火操作更方便快捷）。为了减小摩擦，可以在浅窝内涂抹一些润滑物。立轴的另一端要打磨成锥形。

　　用一根树枝制作一个手弓，树枝长度约90厘米，直径约2.5厘米。在树枝两端拴好一根绳索或者一条皮带即可。再用一块软质木材制作取火板，长度约30厘米、宽度为7~15厘米、厚度约2厘米。在取火板上面挖出一个很小的孔洞，然后沿着取火板的边缘把它扩大成V形。这个小孔洞的中心可以扩大一点，这样就可以使立轴钻得更深一些。

　　开始取火时，要单膝跪地，用另外一只脚踩住取火板，把引火材料（燃点较低、易于点燃的材料，如干燥树皮、木材刨花、枯草、鸟巢等）放在V形孔洞的正下方。此时，还应在取火板的下方垫好两根树枝，使取火板的下方能够形成一个空间。围绕着立轴拉扯一下弓弦，使它能够垂直地插入预先挖好的孔洞。紧接着，用挖有浅窝的硬木插座把立轴压在取火板上面。来回推拉手弓，使立轴快速转动，直到产生烟雾为止。这时应该逐渐加快转动速度，使烟雾越来越浓。此时，只要对着炽热的锯末慢慢吹气，就可以把它们转变为一些逐渐燃烧起来的炭火。把手弓、立轴拿开以后，那些炽热的锯末炭火就会接触到位于取火板下面的引火材料。这时需要将引火材料捧在手心并慢慢吹气，然后就可以把这些燃烧起来的引火材料放置在更多的引火材料或者燃料上面。

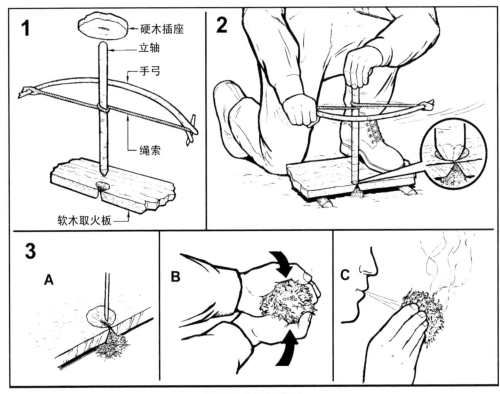

弓弦钻木法示意图

钻木取火需要付出较多的时间和精力才能成功。因此，在成功取火之后，必须想办法把火种保存起来，以便下次生火时使用。这样一来，就不需要每次都费力取火，也能保证自己在求生路上随时都能得到火的庇护。如果能找到金属罐，可在金属罐里放入一些木炭，周围再放入一些干燥的引火物，然后覆盖一些潮湿的青草与树叶。为确保通风，在金属罐周围可以扎一些小洞。如果找不到金属罐，可以取一段较长的树皮，在上面放一把引火物，然后将树皮卷起来，并且分若干段牢牢捆扎好，做成存火卷，再将燃烧着的木炭放在顶端，使火种能够保存起来。如果顶端冒出明火，需要将其熄灭。

3.5.5　观测天气

对野外求生者来说，学会观测天气将有助于合理安排求生行动，并有效躲避可能出现的自然灾害。在山区，云彩形态、动物活动、植物变化等都可以作为观测天气的依据。

根据云的形态观测天气

云不仅是地球上庞大水循环的表现形式及结果之一，也是大气热力循环的重要一环。大多数天气现象，如雨、雪、雹、雷电都与云关系密切。所以，云的形态对于一些天气现象具有指向意义，这也是古人"观云识天"的依据所在。

人们通常按照云底的高度，将云分为低云、中云、高云三族；再按云的外形特征，将云分为十属；最后按云的结构特征和成因，将云分为二十九类云状。

低云多由微小水滴组成，云底高度较低，一般低于2500米，并随季节、天气条件以及地理位置而变化。低云包括积云（淡积云、碎积云、浓积云）、积雨云（秃积雨云、鬃积雨云）、层积云（透光层积云、蔽光层积云、积云性层积云、堡状层积云、荚状层积云）、层云（层云、碎层云）、雨层云（雨层云、碎雨云），共计五属（十四类）。多数低云都有可能产生降水。

中云多由微小水滴、过冷水滴或冰晶、雪晶混合组成，云底高度一般为2500～5000米。中云包括高层云（透光高层云、蔽光高层云）、高积云（透光高积云、蔽光高积云、荚状高积云、积云性高积云、絮状高积云、堡状高积云），共计两属（八类）。高层云在夏季多出现降雨，冬季则多有降雪发生。高积云较薄时，则不会出现降水。

钩卷云

高云由微小冰晶组成，云底高度

一般在5000米以上，但在高原地区时较低。高云包括卷云（毛卷云、密卷云、伪卷云、钩卷云）、卷层云（毛卷层云、薄幕卷层云）、卷积云，共计三属（七类）。高云出现降水较少，但会产生"雪幡"，即冰晶在下降过程中不断升华，最终在云底形成白色的丝缕状悬垂物。

根据动物活动观测天气

天气的变化直接影响着野生动物的生活。一些感觉敏锐的野生动物，尤其是鸟类、昆虫和两栖动物，往往能及时察觉到天气的变化。因此，在通过云的形态观测天气的同时，还可以通过观察野生动物的举动，进一步加强天气预测的准确性。

在山区，喜鹊、麻雀、燕子、蜜蜂、蜘蛛、蝉、瓢虫、蚊子、蚂蚁、蚯蚓、乌龟、青蛙等都可以作为观测天气的参考动物。例如燕子低飞被认为是将要下雨的先兆。天气转坏时，昆虫为了防止雨点、冰雹和雷电伤害到自己，会本能地在下雨前降低飞行高度。而以昆虫为食的燕子，也会趁机低飞捕虫。另外，下雨前气压变低，燕子往高处飞也很费劲。"蜜蜂窝里叫，大雨就来到。蜜蜂不出窝，风雨快如梭。"蜜蜂是随处可见的昆虫，并且以勤劳著称，倘若蜜蜂围在巢穴附近不肯出去采蜜，预示着大雨将至。蚂蚁对于天气的变化也很敏感，因为它们居住的地下环境与雨水有着直接的关系，所以有时它们比别的动物更能察觉到天气的变化。蚂蚁向高处搬家、在洞口周围垒窝，均预示着有雨来临。

低飞的燕子

根据植物变化观测天气

自然界中的一些植物，为了自己的生存，机体内的器官会逐渐地适应外界环境的变化；而这种"适应性"又代代遗传了下来，形成了一种对外界环境变化的感知能力。其中，有些植物在天气变化之前能表现出特有的反应，可以预示冷暖或晴雨。例如红花韭兰、紫茉莉、含羞草、青冈树、柳树等。

每当暴风雨将要来临的时候，红花韭兰就会精神抖擞，含苞欲放。风雨降临的时候就会迅速开放大量的花朵，任风吹雨打。在风雨过后，花朵的色彩更加绚丽，花红似霞。

紫茉莉通常是头天傍晚开花，第二天早晨就凋萎。根据紫茉莉凋萎的时间，可对当天的天气做出判断：若天刚放亮花就立刻凋萎，预示着当日天晴；若花凋萎的时间较晚，则预示着当日为阴雨天气。

含羞草"害羞"的程度不一样，预示的天气也不一样。如果被触动的含羞草叶子很快合拢、下垂，之后要经过很长时间才能恢复原态，就说明天气会艳阳高照，晴空万里；反之，叶子被触动后收缩缓慢、下垂迟缓，或者叶子稍一闭后即张开，则预示着风雨即将来临。

青冈树的叶子会随着天气的变化而变化，所以被称为"气象树"。据研究发现，青冈树的叶子会变色，主要是因为叶内所含叶绿素和花青素的比值变化。在长时间的干旱之后，即将下雨之前，一遇上强光的闷热天，叶子合成叶绿素的过程就会受阻，使得花青素在叶片中占优势，叶片逐渐变成了红色。因此，当青冈树叶变红时，这个地区在一两天内会下大雨，雨过天晴，树叶又呈深绿色。

在夏季里，如果发现柳叶变成白色，就意味着阴雨天气即将来临。其实，并非柳叶真的变白，而是柳叶在阴雨天前会全部反转过来，而柳叶的反面是浅绿色的，表面还带一层"白霜"，所以远看就像是白的。

青冈树叶

3.5.6 辨别方向

在人迹罕至的山区，人很容易迷失方向，从而导致难以预料的后果，小则浪费体力，大则错失生还机会。因此，辨别方向是一门必修课。在自然界，某些动物具有辨别方向的本能，如鸽子和马。极少数人也拥有这种能力，但绝大多数人不具备，因此在野外确定方向主要依靠经验和工具。

利用指南针

在辨别方向的工具中，指南针是常用的一种。如果恰巧带有指南针，将会省下很多力气。指南针是一种判别方位的简单仪器，其使用方法是：将指南针水平放置，使气泡居中，此时磁针静止后，其标有"N"字样的一端（通常是黑色）所指的便是北方。利用指南针辨别方向虽然简单快捷，但需要注意：尽量保

指南针

持水平；不要离磁性物质太近；勿将磁针的S端误作北方，否则会造成180度的方向误差；掌握活动地区的磁偏角进行校正。

如果没有专业指南针，也可以自己制作一个简易指南针，具体做法是：将一截铁丝（缝衣针即可）反复在同一方向与丝绸摩擦，使其产生磁性，然后用一根细绳悬挂起来，可以指示北极。当磁性减弱时，需要重新摩擦以增加磁性。如果有一块磁石，会比用丝绸更有效。此外，也可将磁针放在一小块纸或树叶上，让它们自由漂浮在水面上，针尖所指为北。

利用太阳

如果没有指南针，也可以依靠前人的经验来辨别方向。在晴朗的白天，根据日出、日落的位置便可辨别东方和西方，从而确定前进方向，但这种方法只是粗略估计，要想更精确地辨别方向，可以采用日影测向的方法。

世界上任何地方的太阳都是东升西落的，因此不管身在何处，都可以利用影子来辨别方向。这种方法是利用阳光对事物的照射而形成的阴影，根据阴影的变化移动确定方向。需要找一根长约1米的棍子，一块没有草木生长的平地，这样可以使棍子的影子清晰地投射到地面上。将棍子竖直插入地面，不需要与地面绝对垂直。在棍子倒影的尖端做一个记号。10~15分钟后，再标记出棍子顶端在地面上新的投影位置。将第一个记号和第二个记号连起来，画一条线，经过第二个记号后继续画延长线（约30厘米）。左脚站在第一个记号上，另一只脚站在线的另一端。如果在北半球温带地区，面朝的方向就是北方。如果身处南半球温带地区，面对的方向就是南方。确定北方或南方后，再辨别其他方向就水到渠成了。

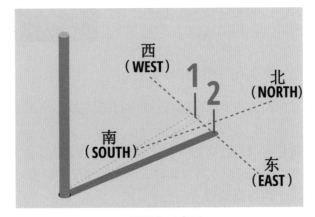

日影测向示意图

利用月亮

在能看到月亮的夜晚，可以像用观察太阳移动的位置辨别方向一样，借由月亮的形状找出东南西北。众所周知，月亮自身并不发光，但它会反射太阳光。当月亮沿地球公转时，由于相对位置不同，从地球上看去，月亮的形状也会有圆缺之变。可以利用这一点来确定方向。

月亮升起的时间，每天都比前一天晚48~50分钟。例如，农历十五日的18时，月亮从东方升起。到了农历二十日，相距5天，就迟升4小时左右，约于22时从东方天空出现。俗话说"月有阴晴圆缺"，月相变化也是有规律的。农历十五日以前，月亮的亮部在右边，农历十五日以后，月亮的亮部在左边。上半月为

"上弦月"，月中称为"满月"，下半月称为"下弦月"。

　　每个月，月亮都是按上述两个规律升落的。根据月亮从东转到西，约需12小时，平均每小时约转15度这一规律，结合当时的月相、位置和观测时间，可以大致判定方向。例如，晚上10时，看见夜空的月亮是右半边亮，便可判明是上弦月，太阳落山是18时，月亮位于正南。此时，时间已经过去了4小时，月亮在此期间转动了60度（15度×4）。因此，将此时月亮的位置向左（东）偏转60度即为正南方。

月相变化图

利用星座

北极星是正北天空一颗较亮的恒星，夜间找到北极星，就找到了正北方向。我国处在北半球，终年晴空夜间都能看到它。北极星位于小熊座的尾端，由于小熊座比较暗淡，所以通常利用大熊座和仙后座来寻找。北极星到大熊座和仙后座之间的距离几乎等同。大熊座由七颗明亮的星星组成，形状像一把倒扣的勺子，将勺子外端两颗星的连线向勺口方向延长，约为两星距离5倍处的那颗星，就是北极星。仙后座由五颗星组成，形状有时像一个倾斜的字母M，有时像一个倾斜的字母W，取决于它在星空中的位置。在字母W的缺口方向，约为缺口宽度2倍处的那颗星，就是北极星。

北极星方位示意图

如果身处赤道以南，可以利用南十字星座辨别方向。南十字星座只能在北回归线以南看到，它的位置在正南方，位于半人马星座与苍蝇星座之间的银河，很好辨认。北半球生存者，依靠北极星来判断正北方向，而到南半球，就需要依靠南十字星座来判断正南方向。南十字星座是由四颗很亮的星星组成的，形状像一个倾斜的十字。位于十字较长轴的两颗星称为"指极星"。从这个十字形的一个竖向下方一直划下去，直到约4倍于这一竖的长度的一点就是南天极。

南十字星座方位示意图

利用地物和动植物

由于太阳、月亮和星星并非每天都能看见，利用它们辨别方向也存在一定的操作难度和误差，所以还可以利用地物和动植物来辨别方向。不过，利用自然界特征判定方位时，要注意具体情况具体分析，不能生搬硬套。

如果遇到废弃的人类建筑，可以利用建筑格局来辨别方向。以我国北方地区为例，民居、庙宇、宝塔的正门多朝南开，尤其是庙宇群中的主体建筑。由于我国幅员广大，土地辽阔，各地都有不同的特征，只要留心观察，就会找到判定方向的自然特征。

在山区岩石众多的地方，可以找一块醒目的岩石来观察，岩石向北一侧基部较潮湿并可能生长低矮的苔藓植物，而向南一侧通常干燥光秃。在冬季，岩石南面积雪融化较快，而北面积雪融化较慢。

植物一般都趋向阳光生长，这就为人们正确识别南北方向提供了有力的证据。树干上苔藓朝着阳光的一面会更绿；反之，对应面的苔藓可能会变成黄色或棕色。树木通常南面枝叶茂盛，树皮较光滑；北面枝叶较稀少，树皮粗糙，有时还长青苔。砍伐后，树桩上的年轮，北面的间隔小，南面的间隔大。树皮粗糙的一边对应的是北方，树皮光滑的一边对应的是南方。在山区，一般阴坡（北侧山坡）低矮的蕨类和藤本植物比阳面更加发育。

岩石北侧生长的苔藓

许多动物对方向极为敏感。如大雁在秋季朝南方飞，在春季朝北方飞；蚂蚁的洞口一般朝南开，蝎子的洞口一般朝北开。

3.5.7　伤病防治

常言道："天怕乌云地怕荒，人怕疾病草怕霜"。在恶劣的野外环境中，谁也无法预料下一刻会发生什么，一旦出现中毒、冻伤或摔伤等意外事故，求生行动将会受到巨大的影响，甚至出现生命危险。因此，只有学会一些常见伤病的预防和急救方法，才能更好地生存下来。

骨折

人体各个部位都可能发生骨折，但常见的还是四肢骨折。如果是轻度无伤口骨折，尚未肿胀时，有条件的情况下，应先进行冷敷处理，使用冰水、冰块敷住骨折部位，防止肿胀。如果有伤口则不宜冷敷。如果有开放性伤口，除应及时止血外，还要用消毒纱布或干净布包扎伤口，以防伤口继续被污染。伤口表面的异物要取掉，外露的骨折端切勿推入伤口，以免污染深层组织。如有条件，最好用消毒液冲洗伤口后再包扎、固定。

现场急救时及时正确地固定断肢，可减少疼痛及周围组织继续损伤，同时也便于伤者的搬运和转送。但急救时的固定是暂时的。因此，应力求简单、有效，不要求对骨折准确复位；开放性骨折有骨端外露者更不宜复位，而应原位固定。急救现场可就地取材，如木棍、板条、树枝、手杖或硬纸板等都可作为固定器材，其长短以固定住骨折处上下两个关节为准。如找不到固定的硬物，也可用布

带直接将伤肢绑在身上，骨折的上肢可固定在胸壁上，使前臂悬于胸前；骨折的
下肢可同健肢固定在一起。

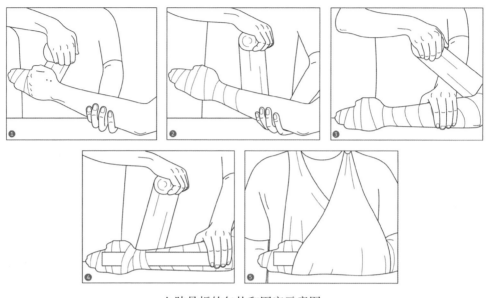

上肢骨折的包扎和固定示意图

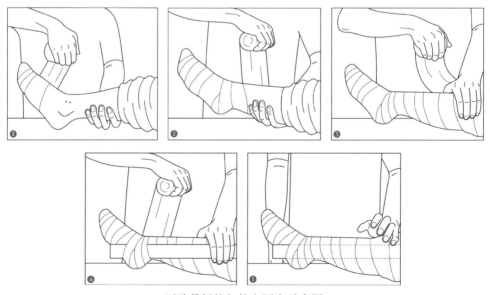

下肢骨折的包扎和固定示意图

擦伤和刺伤

擦伤是浅表损伤和毛细血管出血，不会造成大量失血。伤口处理的重点主

要是预防感染。包扎前，应用肥皂水冲洗伤口，然后用流动的清水将伤口冲洗干净，直到伤口没有异物。在出血部位周围皮肤上用碘酒或75%酒精涂擦消毒。最后，用干净毛巾或其他软质布料做成的敷料覆盖伤口，再用干净的布、绷带或三角巾等棉织品包扎。

刺伤多为尖锐物品所引起，易伤及深部组织和脏器，容易发生感染，特别是厌氧菌的感染。如果流血不是特别快，不要马上按住。流血可以带出脏的异物，不容易引起感染。特别深的创口，一定要让它充分流血，一般到伤口自动停止流血为止。然后用碘酒涂擦伤口，碘酒干后，用75%酒精脱碘，这样会达到很好的消毒效果。最后，用密封敷料包裹伤口。

带刺植物是刺伤的主要原因

冻伤

冻伤是低温侵袭所引起的全身性或局部性损伤。引起冻伤的原因主要是低温、身体长时间暴露、潮湿、风、水所造成的大量热量流失。冻伤多发生在手指、脚趾、手背、足跟、耳郭、鼻尖、面颊部等处。

在高海拔山区活动时一定要做好自我保护工作，穿着一定要暖和，同时增加蛋白质和脂肪摄入量，保证合理的营养供给。在高寒地带，不要将容易受冻的部位暴露在外面，如手、脸部、耳朵。不要站在风口处，也不要在疲劳或是饥饿的时候坐卧在雪地上。

如果发生一度冻伤，可让自己主动活动，并按摩受冻部位，促进血液循环。另外，可用辣椒、艾蒿煮水熏洗、热水（不能太烫）浸泡，再涂上冻疮膏。如果发生二度冻伤，水疱可在消毒后刺透，使黄水流出再包扎，伤口已破溃者按感染伤口处理。如果发生三度冻伤，应尽快脱离低温环境，保暖，促进肢体复温，不

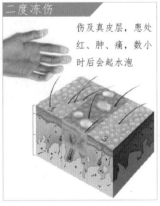

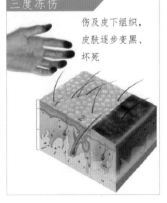

冻伤程度示意图

要用雪擦、火烤或温水浸泡，否则会加重冻伤。当全身冻伤者出现脉搏、呼吸变慢的话，就要保证呼吸道畅通，并进行人工呼吸和心脏按压。要渐渐使身体恢复温度，然后寻求专业治疗。对于全身体温过低的伤者，为促进复温，可采用全身浸浴法，浴水温度保持在35～42摄氏度。

雪盲症

雪盲症是一种由于眼睛视网膜受到强光刺激引起暂时性失明的一种症状，经常发生在登高山、过雪地的人身上。造成雪盲的原因是因为双眼暴露在雪地中，没有墨镜保护的眼角膜很容易受伤，因为无论是否有阳光照射，雪地的反光都非常强烈，若是艳阳天在雪地中活动，在数小时之内即可造成严重的雪盲。雪盲的症状为眼睛发红，非常疼痛，经常流眼泪，对光线十分敏感，甚至很难张开眼睛等。

预防雪盲症的方法为戴防紫外线的太阳眼镜，或蛙镜式的全罩式灰色眼镜，并补充维生素A、维生素B群、维生素C和维生素E等。若是有了雪盲症的症状，可以用眼罩或干净的纱布覆盖眼睛，不要勉强用眼。一般雪盲症的症状可在24～72小时之内恢复。得过雪盲症的人，不注意会再次患病，并会更严重，所以不能马虎大意。多次雪盲会逐渐使人视力衰弱，引起长期眼疾，严重时甚至永远失明。

白茫茫的雪地

蘑菇中毒

对于在山区求生的人来说，蘑菇是一种味道鲜美、营养丰富的食物，但若误食毒蘑菇，后果将是致命的。误食毒蘑菇后，应及早治疗，否则会引起严重的后果。治疗时应首先考虑排出体内毒物，防止毒素继续吸收而加重病情。排出体内毒物的主要方法为催吐、导泻。催吐可使用物理催吐或药物催吐，在野外环境下通常只能采用物理催吐，可用筷子或指甲不长的手指（最好用布包着指头）刺激咽部，促使呕吐。

如果呕吐次数不多，应该进行洗胃。洗胃越早越好，一般在摄入毒物4～6小时内洗胃效果最好。但即使超过6小时，甚至12～18小时仍可根据毒物的吸收状况进行洗胃。洗胃一般采用微温开水和生理盐水，也可以用高锰酸钾液[1：（2000～5000）]。为清除肠道停留的毒物，可用10%硫酸镁口服，进行导泻。需要注意的是，使用硫酸镁可形成高镁血症，引起镁中毒。因此，也可以采用硫酸钠、甘露醇作为导泻剂。如果未发生腹泻，可用盐水或肥皂水高位灌肠，每次200～300毫升，连续2～3次。在实施催吐、导泻、灌肠等急救措施后，仍应尽快向医护人员求助。

白毒鹅膏菌

第 4 章

为双眼洗礼
——探秘高原

　　高原素有"大地的舞台"之称，是在长期连续的大面积的地壳抬升运动中形成的。高原的本质特征是地势相对高差低而海拔相当高。本章主要就高原的地理特征、动物类型、植被分布、传统民俗、适宜运动、生存技巧等知识进行介绍。

4.1 登上大地的舞台

4.1.1　高原的定义

高原是指海拔1000米以上、相对高度500米以上，面积广大，地形开阔，周边以明显的陡坡为界，比较完整的大面积隆起地区。有的高原形成年代较短，表面宽广平坦，地势起伏不大。有的高原形成年代较长，长期受风化侵蚀，所以表面山峦起伏，地势变化很大，看起来和山地一样。

高原分布甚广，连同所包围的盆地一起，大约共占地球陆地面积的45%。世界最高的高原是青藏高原，面积最大的高原是巴西高原。也有观点认为南极高原才是世界面积最大的高原，但由于南极高原是冰盖形成的高原，所以这种观点存在争议。

4.1.2　高原的分类

根据形态的不同，高原可分为两种：一种是平坦的，另一种是分割的。内蒙古高原最初是一片平坦的准平原，之后受地壳抬升作用上升构成海拔1000米左右的完整高原面。位于甘肃东

小知识

我国有四大高原，集中分布在地势第一、第二阶梯上，分别是青藏高原、内蒙古高原、黄土高原、云贵高原。青藏高原是我国最大的高原，一般海拔3000～5000米，被称为"世界屋脊""第三极"。内蒙古高原是我国重要的牧场，草原面积约占高原面积的80%，一般海拔1000～1200米，南高北低，北部形成东西向低地。黄土高原是世界著名的大面积黄土覆盖的高原，由西北向东南倾斜，一般海拔800～2500米，沟壑纵横，植被较少。云贵高原大致以乌蒙山为界分为云南高原和贵州高原两部分，一般海拔400～3500米，地形较破碎，多断层湖泊，是世界上喀斯特地貌最发育的典型地区之一。

巴西高原一景

部镇原、宁县一带的黄土高原，是高原面保存较好的平坦高原。相比而言，云贵高原则是我国典型的分割高原，有所谓"地无三里平"的说法。云贵高原海拔在1500米左右，高原面深受乌江、沅江、柳江、盘江等河流的剧烈切割，地表显得异常崎岖。尤其是在石灰岩分布地区，还有更多的石林、伏流、陷阱等喀斯特地形，这些也使得原本平坦的高原面受到了极大破坏。

黄土高原一景

此外，根据高原的形成原因，人们把高原分为隆起高原、熔岩高原和堆积高原等类型。青藏高原、云贵高原和内蒙古高原都属于隆起高原，黄土高原就是在原有地形的基础上因风力搬运、堆积作用而形成的堆积高原。熔岩高原是由大量熔岩堆积而成的独特的高原类型，在长白山地区可以看到大面积的熔岩高原。

云贵高原一景

4.1.3　高原的特点

高原接受太阳辐射多，日照时间长，太阳能资源非常丰富。高原海拔高、气压低、氧气含量少，利用这一低压缺氧环境，可提高人体的耐力素质，故其成为体育界耐力训练的"宝地"。1968年第19届奥林匹克运动会在高原城市墨西哥城举行，来自非洲高原的运动员，囊括了中长跑和马拉松的5项冠军、5项亚军、2项季军的好成绩。此后，高原成了世界各国体育界中长跑、马拉松、竞走等耐力项目的训练"宝地"。

高原气候的特点是大气压力按指数律随海拔高度增加而降低，气温随海拔高度增加而降低，降水量和降水日数随海拔高度增加而增加，风速随海拔升高而增大。在湿度方面，水汽压随海拔增加而降低。高原地区水的沸点低于100摄氏度，如果用普通饭锅煮饭，往往会夹生。

高原马拉松比赛

全球中纬度和低纬度地区的著名高原，有我国的青藏高原、云贵高原、内蒙古高原和黄土高原，美国西部高原，南美洲玻利维亚高原和东非高原等。由于它们的地理位置、海陆环境、海拔高度和高原形态上的差异，气候也各不相同，该气候区的自然景观以垂直变化显著为重要特色。其中，青藏高原的气候总体特点是辐射强烈，日照多，气温低，积温少，气温随高度和纬度的升高而降低。青藏高原是北半球气候变化的启动器和调节器。这里的气候变化不仅直接驱动我国东部和西南部地区气候的变化，而且对北半球具有巨大的影响，甚至对全球的气候变化也具有明显的敏感性、超前性和调节性。

日照充足的青藏高原

4.2 神奇的高原动物

4.2.1 动物概览

高原并非生命的禁区，反而是许多野生动物的天堂。青藏高原被生物学家誉为"野生动植物的王国"，这里虽然气候寒冷严酷、空气稀薄，但野生动植物资源极其丰富，而且独有性高，有"珍稀野生动植物天然园和高原物种基因库"的美誉。这里是很多大型野生动物的栖息地，有野牦牛、藏羚羊、羚牛、盘羊、白唇鹿、马鹿、藏野驴、野马等食草动物，也有狼、豺、棕熊、雪豹、猞猁等食肉猛兽。这些野生动物适应了高海拔地区独特的低温缺氧环境，进化出了很多适应高原气候的特征。

黄土高原的兽类，计有5目12科40种。区系成分比较简单，几乎全为古北界的种类，没有特有种和固有种。其中，啮齿目的数量最多，计4科21种；食肉目次之，计3科11种；其他食虫目1科4种；偶蹄目2科2种；兔形目2科2种。鹿科中的狍子是黄土高原的重要经济动物，多数栖息在疏林或灌丛之中，常在荒山针阔叶混交林或林草多的环境活动，以灌木和草本植物为食。其他生活在黄土高原的多数大中型兽类均为狩猎兽类，有野兔、野猪、狐、豹、豹猫、狗獾与水獭等。小型啮齿类动物是黄土高原数量较多的害兽，特别是达乌尔黄鼠、中华鼢鼠、花鼠、林姬鼠、黑线姬鼠、褐家鼠、小家鼠、仓鼠等。

云贵高原的动物资源丰富。例如云南省的野生脊椎动物种类居全国之冠，其中

正在追捕猎物的高原狼

达乌尔黄鼠

生活在云贵高原的野象

兽类占我国兽类的51.1%，鸟类占63.5%，两栖动物占39%，淡水鱼类占49%。滇金丝猴、大象、犀鸟、黑颈鹤等为代表的濒危物种、特色物种和国家级保护动物在这片土地上繁衍生息，与人类和谐共生，使云南省以"动物王国"享誉世界。

4.2.2　代表动物

野牦牛

野牦牛

野牦牛是典型的高寒动物，抗寒能力很强，为青藏高原特有牛种，国家一级保护野生动物。野牦牛四肢强壮，身被长毛，胸腹部的长毛几乎垂到地上，可遮风挡雨，舌头上有肉齿，凶猛善战。野牦牛具有耐苦、耐寒、耐饥、耐渴的本领，对高山草原环境条件有很强的适应性，所以很多野生有蹄类和家畜难以利用及到达的灌木林地、高山草场，它却能登临受用。

藏羚羊

藏羚羊属于国家一级保护野生动物，主要分布于青藏高原。藏羚羊栖息于海拔3700～5500米的高山草原、草甸和高寒荒漠地带，早晚觅食，善奔跑，可结成上万只的大群。夏季雌性藏羚羊沿固定路线向北迁徙。由于常年处于低于零摄氏度的环境，通体被厚密绒毛。

藏羚羊

白唇鹿

白唇鹿属于国家一级保护野生动物，仅在我国有分布，主要生活在青藏高原及其边缘地带的高山草原地区。白唇鹿体形高大，体长可达2米，体重可达200千克，其主要特征是纯白色的下唇，并延续到喉上部和吻的两侧。

白唇鹿

黑颈鹤

黑颈鹤属于国家一级保护野生动物，是世界15种鹤中唯一终身栖居于高原的鹤。它栖息于高原湖泊、水库、沼泽等地的浅滩地带，也见于草地、山坡耕作地中。黑颈鹤春夏季在青藏高原上繁殖，秋冬季在云贵高原越冬。

黑颈鹤

4.3 邂逅最美高原植物

4.3.1　植物概览

青藏高原是我国重要的牧区，全区天然草地类型归结为高山草甸草地类、高山灌丛草甸草地类、亚高山疏林灌木草甸草地类、高山草原草地类、高山山地荒漠草地类、高寒沼泽草地类、山地灌丛草地类、高山稀疏及垫状草地类八类。青藏高原同时也是我国重要的林区，还是我国少有的原始林区，常见的树种有乔松、高山松、云南松、铁杉、大果红杉、西藏柏和祁连圆柏等，其森林类型主要有亚高山暗针叶林、亚热带常绿阔叶林、落叶阔叶林、落叶针叶林等。青藏高原虽然森林类型多样、树种繁多，但森林覆盖率低，而且分布不均匀。森林面积也较小，但其森林蓄积量和单位面积蓄积量较高。

黄土高原森林资源贫乏，是典型的少林地区，森林覆盖率低于我国平均水平，也远低于世界平均水平。此外，森林覆盖率也不均衡，由北向南依次升高。黄土高原草场破坏严重，面积日益减少，质量下降。草场植被的明显特征是植物群落结构简单，草层低矮、稀疏，多为单层结构，群落的数量结构普遍低。基本植物多旱生，产草量偏低。草场集中分布于黄土丘陵区和风沙区。这些地区干旱少雨，风蚀、水蚀十分严重，自然灾害频繁，再加上过度放牧等人为破坏，草场退化。表现为覆盖度和产草量下降，优良牧草种类减少。不过，黄土高原盛产苹果、梨、柿子、枣、杏、桃、核桃、葡萄、李子、石榴、猕猴桃等水果。

云贵高原是我国森林植被类型最为丰富的区域，分布着包括雨林、季雨林的热带森林，以及包括季风常绿阔叶林、半湿润常绿阔叶林、暖热性针叶林、暖性针叶林的亚热带森林。随着海拔升高，还分布着温性针叶林、寒温针叶林、灌丛草甸和高山苔原植被。云贵高原植物的种类也极其丰富。据统计，云南省的植物以426科、2597属、13278

青藏高原雪山下的森林

树木稀疏的黄土高原

植被丰富的云贵高原

种居我国各省市之首，被称为"植物王国"。贵州省的植物有284科、1543属、5593种。广西壮族自治区的植物有280科、1670属、6000余种，亦居全国前列。大多数植物的科属种为热带、亚热带区系成分，滇黔中部、横断山地则有不少温带与热带亚热带的植物混杂。除各类药材和经济作物外，云贵高原盛产樟木、高山栎、杉木、松木、柏木等珍贵木材和各种竹类。

因内蒙古高原同时也是我国草原分布较广的地区，相关内容将在第5章展开讲解。

4.3.2　代表植物

青稞

青稞属大麦类，分为白色和黑色两种，生长期约4个月，具有耐寒、耐旱的特性，所以适宜生长在寒冷、干旱、无霜期短的青藏高原地区。青稞在藏区栽培的历史悠久，种植面积较大。它是我国藏区居民的主要食粮、燃料和牲畜饲料，而且也是啤酒、医药和保健品生产的原料。在粮食作物中，青稞具有高蛋白质、高纤维、高维生素、低脂肪、低糖等特点。

青稞

塔黄

塔黄是单次结实的多年生草本植物，即经过5～7年的营养生长后才开花结果，之后便死去，一生只开一次花。塔黄生长于海拔4000～4800米高山石滩及湿草地，西藏喜马拉雅山麓及云南西北部均有生长。塔黄是我国藏药植物资源，主要的药用部位是地下根，具有泻热、导滞、闭经、湿热、痢疾、便秘、食积、散瘀、消肿的功效。

塔黄

绿绒蒿

绿绒蒿是著名的观赏植物，以其花大、色泽艳丽、姿态优美而著称，是高山植物中最引人注目的花卉之一，常与另一些高山植物共同组成绚丽多彩的高山植被。绿绒蒿生长于海拔3300～4800米的林下和高山草地。有些种类可入药。

绿绒蒿

4.4　性格鲜明的高原居民

4.4.1　体质性格

青藏高原居民一般身材高大，筋骨强悍，皮肤较粗糙。长期居住在青藏高原的人，适应了当地的缺氧环境，脸颊多呈紫红色。其性格亦较粗犷豪爽，热情大方。这与他们生活环境的开阔、以农牧为主的生产方式有关。他们随性而为，热爱大自然，信仰虔诚。

黄土高原的自然条件比较恶劣，生活在那里的人为了生存、为了生活得更好，需要付出很多努力。他们往往身体健壮、精神饱满，性格上比较坚韧倔强，同时又很直爽豪气。

云贵高原山高林密，自古地广人稀、野兽出没，当地居民在与虎豹豺狼、飞禽猛兽的斗争中，养成了勇敢坚毅、热情奔放的性格。许多少数民族男子，都有佩刀的习惯。傣族的长刀、景颇族的户撒刀、阿昌族的阿昌刀、彝族的大砍刀，都颇为有名。佩刀既是对付野兽和敌人的武器，又是一种粗犷豪放精神的装饰。傈僳族人过节表演的上刀山、下火海，表现了他们不怕死、不怕艰险的性格。

因内蒙古高原同时也是我国草原分布较广的地区，相关内容将在第5章展开讲解。

4.4.2　饮食习惯

为适应青藏高原的寒冷气候，牛、羊肉和各种乳制品成为当地居民的主要食物，尤以甘温大补的羊肉食用最为普遍，如手抓羊肉、烤羊肉串、烤全羊等，具有浓郁的地方特色。酥油、糌粑是藏族居民不可缺少的两种美食。酥油含有大量的维生素A，可润泽气色，增加热量，防止皮肤干裂。制作糌粑的主要原料是青稞，其营养丰富、食用方便，特别适应青藏高原的游牧生活。

黄土高原多旱地，适宜种植小麦和杂粮，因此当地居民多以小麦和杂粮为主食，咸菜、辣椒为佐食。黄土高原居民常用醋来调味，这有助于面食消化，同时黄土高原饮用水碱性较重，多食用醋也有利于身体的酸碱平衡。随着时代的进步和生活水平的提高，如今黄土高原居民的食物结构日趋丰富，鱼、肉、蔬菜四季不断。

云贵高原气候极为复杂，有"一山分四季，十里不同天"的民谚。特殊的地理位置和自然环境，有利于多种植物和动物的生长。众多的动植物，给饮食业提供了丰富的资源。四季都有新鲜蔬菜，有被誉为"真菌之花"的山珍竹荪，以及银耳、香菇、鸡枞菌等各种食用菌；有玉兰片及各种竹笋；有各种淡水鱼；有滋补药材天麻、三七、虫草、杜仲等。云贵高原居民运用丰富资源和土特产创造

制作中的糌粑

了多种多样的菜肴，经过长期的烹调实践，吸收其他菜系技艺，不断融会和改造，取长补短，形成了具有浓厚地方风味的滇黔菜系。

4.4.3 服装特点

青藏高原居民的服装除了受自然气候、生产条件和生活环境影响外，还与服装原料来源有关。当地居民的服装一般由棉、毛、毡、皮革制成，不少人终年戴皮帽或围头巾。服装样式较宽大但多系腰带，既便于活动又防冷风钻入。

黄土高原地区属于典型的温带大陆性季风气候，且多风沙，这种气候影响着该地服饰文化的形成。在沟壑纵横的黄土高原，冬天人们穿着老羊皮袄，头上裹着白羊肚手巾。夏季白布的"尕汗褡"、青布的"黑夹夹"，是黄土高原地区典型的民族服装。

居住在云贵高原的苗族、布依族、侗族、瑶族、水族、彝族等少数民族的服饰，具有一些共同的特点。首先，是紧身、轻巧、利落，便于农忙时提高劳动效率。其次，无领、赤脚、裸露部位多，戴斗笠或缠包头可以适应湿润、降水多的气候环境，最具代表性的是男子的服装，各民族几近一致，变化较少。再次，服饰在用料上采用自织布或彩绸、运用矿物和植物染料工艺加绣自己熟悉的山水、花鸟、树木等图案，明显体现出山乡的苍翠与水乡的秀美。

因内蒙古高原同时也是我国草原分布较广的地区，相关内容将在第5章展开讲解。

布依族女性手工制作服装

4.4.4 建筑风格

高原的自然环境条件不同，居民建筑也颇多风俗。青藏高原和内蒙古高原等地，是我国的主要牧区。为适应游牧的需要，逐步形成了蒙古族的蒙古包、哈萨克族的毡房和藏族的牦牛帐篷。这些圆形或锥

牦牛帐篷

形的活动房屋，"墙壁"和屋顶都用厚实的羊毛毡制成，可御风寒。包顶做成正圆天孔，像窗一样可以开闭，白天拉起，让阳光射入包内，增加室内温度，同时排出包内的烟尘炭气；夜间将其盖上，烧奶茶、做饭的热量留在屋内，使包内十分暖和。天晴时，这种房屋的采光、通风效果尚可。但在寒季及雨雾季节，由于四周用毛毡盖严，房内居住多人，加上用牛粪取暖做饭，故房内较阴暗，空气污浊。

　　黄土高原地处内陆，为较强烈的大陆性气候区，冷热变化很大，为适应当地地质及气候条件，当地居民建造了具有冬暖夏凉特点的窑洞式住宅。洞内温度适宜，噪声小，环境静谧且防辐射，为了便于采光，一般建在朝南的山坡上，门窗面积均较大，但由于没有后窗，通风较差，室内容易潮湿。不过，如今越来越多的居民住进新窑洞，或搬到整洁舒适的楼房，人居环境也在不断改善。

黄土高原的窑洞式住宅

　　云南高原纬度较低，地形地貌复杂，生活着众多少数民族。其中，云南省有25个少数民族，是我国少数民族居住最多的省份。云贵高原少数民族的建筑可谓丰富多彩，有平顶的，有吊脚的，有分层的，还有由重檐瓦房发展形成的"三坊一照壁""四合五天井""一颗印"等。这些建筑样式按照今天的建筑标准来看也是相当科学的，它们之中的大部分建筑都具备通风、透气、透光、保暖等功能，有的还具有冬暖夏凉、防潮、抗震等功能。云贵高原居民建筑强烈地体现了各民族追求与大自然和外部环境和谐相处的自然观。首先，云贵高原居民建筑多取材于自然，进而使整个建筑显示出一种与自然的相融契合。其次，建筑的结构布局因地制宜，巧妙利用自然环境，遵循着与自然环境协调相融的原则。云贵高原居民建筑的空间布局，也存在着严格的伦理秩序观念。

大理白族自治州博物馆中的白族民居"三坊一照壁"模型

4.5 高原环境与人体运动

4.5.1 高原户外运动的利弊

高原是一种低气压、低氧、高寒、高紫外线辐射的特殊环境，对人体的生理活动会产生一系列特殊的刺激作用，其中低氧刺激对人体的影响最为明显。在海拔1500米以上，每升高300米，人体的最大摄氧量减少3%～3.5%。从平原到高原，人体各系统会发生一系列变化，例如：呼吸系统表现为呼吸频率加快、肺通气量加大，运动时肺通气量可较在平原做同样负荷时增加23%或更多；血液系统表现为红细胞及血红蛋白增加，从而增强血液的携氧能力；心血管系统表现为静息心率和运动心率均增快，心率恢复时间延长，且随海拔的增高而更明显。

在高原环境下，人体的许多生理变化对运动能力总体上带来不同程度的负面影响。人在高原地区停留一段时间后，机体对低氧环境会产生迅速的调节反应，提高对缺氧的耐受能力，称为高原习服。一旦脱离高原环境，不再进行缺氧习服训练，则习服能力逐渐减退与消失，称为脱习服。

高原户外运动的主要作用是提高人体的缺氧耐受力以及全面的身体素质。在高原环境下运动对人体有两种负荷，一种是运动本身所引起的缺氧负荷，另一种是高原性缺氧负荷。高原环境对运动能力的影响，因海拔及运动项目不同而有所差异。以体育比赛为例，在2300米高度比赛时与平原比较，超过2分钟的全身耐力性运动成绩会明显下降，如1500米跑的成绩下降约3%，5千米和10千米跑的成绩下降约8%；而持续时间不超过1分钟的剧烈运动，如短跑、跳跃和投掷等，一般不受高原环境的负面影响，且由于空气阻力小，运动成绩可能会略有提高。

需要注意的是，凡患有器质性疾病和严重功能、精神障碍者，不宜进入高原。曾患过高原心脏病、重症高原肺水肿和高原脑水肿者，原则上不宜再次进入高原。感冒发热者如呼吸道症状明显，应暂缓进入高原。

在高原跑步的运动员

4.5.2 骑行

骑行是一种健康自然的运动旅游方式，能充分享受旅行过程之美。一辆自行车、一个背包即可出行，简单又环保。在不断而来的困难当中体验挑战，在旅途的终点体验成功。一些骑行爱好者会选择高原骑行，挑战自我，磨砺意志。不过高原骑行对身体素质要求较高，并不适合所有人。

主要作用

骑行可以改善记忆力，无论是对于记忆力较强还是较弱的人来说，骑行都具有提高记忆力的作用。骑行可以改善与运动有关的大脑区域的活动情况，从而缓解帕金森综合征。骑行也可以防癌。日常缺乏运动，就是致癌的不良行为之一。长期坚持骑行可增强心血管功能，尤其是有氧运动，可提高人体新陈代谢和免疫力，起到健身和防癌作用。

推荐装备

除了必备的自行车、骑行头盔、手套、鞋、骑行眼镜等装备外，在着装上应考虑防风、防晒、保暖、透气。由于高原四季温度较低，要做好保暖，同时高原地区辐射强，骑行前要做好防晒。此外，高原骑行所需时间较长，体力消耗较大，要保证充足的食物及水源，可以准备一些蛋白棒等食物及时补充机体所需的热量。

骑行装备

实用技巧

运动实验证明，腹式呼吸比胸式呼吸更为规律，更有节奏。在高原骑行，学会正确的呼吸方式是很有必要的。骑行途中，骑行者不仅需要遵守交通规则，还需要自我保护。建议不要佩戴耳机，同时骑行路线多为国道，路段上车辆较多，应靠右骑行，躲避汽车，礼让行人，注意安全。如果长时间下坡，要间歇停下休息。下坡时不要紧跟大货车，队友间保持安全距离，不要占道超车。经过塌方、落石地段多观察，在确认安全的情况下快速通过。休息时选择宽阔地带，不要靠近山体、悬崖、河边。

注意事项

患有高血压、冠心病等疾病的人不能进行高原骑行。骑行前也不能有感冒、发烧症状。骑行前要检查车辆的轮胎、传动、刹车等部位的活动件，确保万无一失。骑行途中量力而行，不要过度疲劳，给身体充足的适应时间。骑行途中如果出现胸闷、胸痛、恶心、呼吸困难等情况，应该立即停止运动，并寻求医疗帮助。

青藏高原上的骑行者

4.5.3 射箭

射箭是指借助弓的弹力将箭射出，在一定的距离内比赛精准度的体育运动。射箭有悠久的历史，最初用于打猎和战争。最初的射手就是猎人，他们用弓箭捕杀动物以维持生存。后来弓箭变成了战争中可怕的武器。我国高原地区的少数民族擅长骑射，如西藏很多地方的古老岩画、壁画，均反映着弓箭与狩猎、游牧民族相伴的历史。如今，射箭仍是颇受高原居民喜爱的体育项目。

主要作用

弓箭文化是历史非常悠久的我国传统体育文化之一，包含道德修养和礼仪规范的"射艺"，成为古代培养人才、考察人才和修身养性的手段之一。射箭具有鲜明的娱乐性、参与性、健身性等特点。同时射箭技术要领严格，对心理素质要求较高。射箭可促进人体机能和各器官的协调发展、有效塑造形体、改善视力和注意力，提升人的气质，使人冷静、从容、果断，同时可锻炼人的毅力，培养意志、提高道德品质，达到身心合一的目的。

推荐装备

弓、箭、靶架、环靶、计时设备、护具（护指套、护臂、护胸、射箭眼镜和太阳镜等）。

实用技巧

▶ 站位：身体站位与靶标成90度，双脚自然分开，均衡负担身体重量。肩膀与靶标的中心画出一条想象的直线。

▶ 持弓：正确的持弓方法是拇指和食指形成V形。在放箭后，弓身要能自由移动。

▶ 持箭：左手持弓，在左臂内上箭，将箭杆放在箭托上，并使箭羽与弓弦形成正确的角度，将箭向弓弦方向拉动，直到弓弦与箭尾凹槽紧紧"咬住"。

▶ 拉弓：弓弦是用右手的前三个手指（拇指、食指、中指）拉开的，同时箭尾凹槽用前两个手指（拇指、食指）轻轻夹住，向后拉开弓弦，直到右手的索引手指"定位"，每次拉弓的定位点都要相同，定位点不确定就会射不准目标。

▶ 瞄准：可以采用直觉瞄准或使用弓上的瞄准器。采用直觉瞄准时，双眼睁开，目视目标。使用瞄准器时，将准星对准目标，然后放箭。

▶ 放箭：弓弦要拉满，深吸一口气，然后屏住呼吸，手指轻轻放开，让弓弦平滑释放。同样要保持一致性，每一次放箭都要如此。

注意事项

使用射箭器材前应认真阅读说明书，要在安全守法的前提下正确使用。不得对着人、动物等射箭。未成年人要在家长的监护下使用弓箭。要确保环靶足够大，以便挡住偏离的箭，也要确保它足够厚，防止被箭穿透。

手持复合弓的射箭爱好者　　　　　　　　英姿飒爽的骑射爱好者

4.5.4　滑翔伞

滑翔伞是世界上最轻便的飞行器，凭借气流，滑翔伞可以盘高飞远。有着"世界屋脊"之称的青藏高原，对滑翔伞飞行爱好者来说有着非凡的魅力。人们驾着滑翔伞，在山坡奔跑起飞，在空中遨游，与山野"对话"，与白云"握手"，身心融入大自然，尽情挥洒着人类的勇敢与坚强。

主要作用

滑翔伞的诞生，为人类插上了飞翔的翅膀。人们自由地翱翔于天空，享受着"脱离"地球引力的宁静与美妙。滑翔伞运动之所以吸引人，不只是因为好玩，而是它不依靠机械动力，仅仅通过自然的气流以及人和伞的配合，就能飞行在空中，那是一种人与自然间的和谐力量，是一种和谐的美。滑翔伞运动不仅能锻炼身体，还能丰富知识，因为需要深入了解气象学、空气动力学、航空守则等与飞行相关的东西。当自己操控滑翔伞飞行在空中时，那种成就感是无与伦比的。

推荐装备

除了滑翔伞以外，还有一些必需的装备，包括飞行服、套带、安全帽、手套、鞋、护目镜、仪表等。而在进行热气流盘旋或高飞行时，有时会遇到一些特殊情况，因此还要携带紧急伞。紧急伞的尺寸有所不同，应根据自己的体重，选择合适尺寸的紧急伞。

实用技巧

空中转弯是滑翔伞的基本操纵控制技术。滑翔伞在空中转弯是通过拉下一侧操纵绳，使该侧伞衣后缘向下偏转，导致左右侧翼面上阻力不平衡而实现的。如右边操纵绳拉下幅度比左边多，滑翔伞就向右转弯；反之，滑翔伞就向左转弯。如将操纵绳始终保持不平均地拉着，滑翔伞就会在空中做连续转弯。当达到预定方向，要停止转弯时，只要将拉下的操纵绳恢复原位即可。或将左右操纵绳保持在不同位置上，转弯就会停止。

注意事项

高原日照强烈，紫外线强，在飞行之前一定要做好防晒工作。高原气候多变，气象复杂，地面气流经常与主气流不同，在起飞时一定要多观察，不要轻易冒险。初次在高原飞伞，出于体能、空气稀薄等因素考虑，滞留空中时间不宜过长，要循序渐进慢慢适应。海拔越高，气温越低，如果在高原准备盘升，一定要注意保暖。

滑翔伞

即将降落的滑翔者

4.5.5 汽车露营

汽车露营狭义上讲是指房车露营，广义上讲是指以汽车为交通工具的各种露营方式，包括房车、帐篷等露营方式。汽车露营是一种新兴的生态休闲旅游方式，在旅游发达国家拥有广泛的爱好者和成熟规范的基础设施。而我国高原地区地广人稀、景色壮美，颇受汽车露营爱好者的喜爱。

主要作用

汽车露营是由汽车文化繁衍出来的一种新的文化，它最大的魅力是使人们享受到汽车带来的快乐（无论老人或儿童）。汽车露营能让人接触自然、亲近自然，远离城市的喧嚣，消除烦恼与压力，使身心得到放松，培养活力和创造性。

推荐装备

汽车露营与传统意义上的露营相比有明显的不同，所以汽车露营装备的选择也与传统意义上的露营有所不同。由于有汽车作为承重载体，装备的选择不再是以轻便、小巧为主要参考依据，而是偏向于时尚、舒适、个性化的装备。常见的汽车露营装备有房车、车顶帐篷、户外照明设备、户外炊具、户外寝具、户外桌椅以及其他工具。

实用技巧

汽车露营往往路途遥远，一辆汽车最好有两名司机，一名司机累了，就换另一名司机来开，避免疲劳驾驶。听音乐是缓解疲劳的好办法，可以提前准备自己喜欢的音乐。车辆停放（帐篷搭建）的地点也很有讲究，要点与传统意义上的露营基本相同。如果是在车内睡觉，应注意通风，尤其是在炎热的夏季。

注意事项

汽车露营装备视个人的经济条件和具体的户外活动项目而选择，但必须注意的是一定要保证户外活动的安全，不能因为贪图便宜而购买一些劣质的户外用品。出行前，务必给汽车做一次全面检查。出行路线多计划几条，特别是节假日拥堵现象严重，提前计划才能随机应变。目的地的天气、路况、治安情况、地质灾害等信息，也需要提前了解。

在高原上行驶的房车

汽车露营爱好者正在搭建营地

4.6 不可不防的高原伤病

4.6.1 急性高原反应

急性高原反应是短时间内由平原进入高原或由高原进入更高海拔地区，伴随海拔的迅速升高，机体在短时期发生的一系列缺氧表现。

初入海拔3000米以上地区，大多数人都可出现高原反应症状，迅速登山更易发病，进入高原数小时后出现症状，主要是头痛、头晕、胸闷、气短、心悸、食欲减退，也常见恶心、呕吐，记忆力和思维能力减退，可伴有失眠、多梦，部分人有口唇发绀，少数人血压暂时升高。

高原低氧、低气压是发病的根本原因，但诸多诱发因素也不可忽视，常见因素包括寒冷、感冒、睡眠不足、晕车、精神紧张及劳累等。急速进入高原者发病率高，症状较重，缓慢进入高原者反应较轻。另外，发病还与进入季节有一定关系，往往夏季轻、冬季重。患有慢性疾病或肥胖者更易发生急性高原反应，且症状较重，持续时间较长。

出现急性高原反应的患者一般在登山后第1～2天症状明显，经过休息或者对症处理之后，症状会减轻，一周左右消失，但也有少数人症状急剧加重，发展为高原肺水肿或高原脑水肿。症状重的患者可以口服乙酰唑胺、高原安、红景天胶囊等药物，通常进入高原的前两天开始服用，一直持续至进入高原后的第3天。

出现急性高原反应的登山者

4.6.2 高原肺水肿

高原肺水肿是急性高原病中恶性、严重的类型。一般在急性高原反应的基础上发生，所以有人认为高原肺水肿是急性高原反应的合并症，也有可能在上呼吸道感染的基础上恶化发生。其症状类似于急性高原反应但更为严重。随着病情的发展，病人出现严重的呼吸困难，咯泡沫痰，初为白色或淡黄色，后即变为粉红色，量多者从口鼻涌出。患者烦躁不安，少数病人嗜睡。口唇、颜面青紫，体温升高并合并感染，心率快。

高原肺水肿的预防可以从日常以及在上高原之前做起。平时可以加强运动，增强体质，在上高原之前一个星期要注意生活规律，不要过度劳累，不要熬夜，绝对不要有上呼吸道感染。抵达高原之后，绝对禁止饮酒，在运动过程中注意保证营养和保暖，不要过度劳累，每天上升的绝对高度不宜过大，同时在适宜的海拔应给予一定的适应时间。

4.6.3　高原脑水肿

高原脑水肿是急性高原病的危重类型。临床表现为一系列神经精神症状，最常见的症状是头痛、呕吐、嗜睡或烦躁不安，共济失调和昏迷。根据该症的发生与发展，有人将高原脑水肿分为昏迷前期（轻型脑水肿）和昏迷期（重型脑水肿）。

多数患者于昏迷前有严重的急性高原病症状，如剧烈头痛，显著心慌及气促，频繁呕吐，尿量减少，呼吸困难，精神萎靡，表情淡漠，反应迟钝，嗜睡或烦躁不安。若在昏迷前期未能得到及时诊断与治疗，一般在数小时内转入昏迷。患者表现为意识丧失，面色苍白，四肢发凉，发绀明显，剧烈呕吐，大小便失禁等。重症者可发生抽搐、心力衰竭、休克、肺水肿、严重感染和脑出血等，如不及时抢救，则预后不良。

4.6.4　高原红细胞增多症

高原红细胞增多症是由于高原低氧环境引起的红细胞过度代偿性增生（即红细胞增生过度）的一种慢性高原病。与同海拔的健康人相比，高原红细胞增多症患者的红细胞、血红蛋白、红细胞容积显著增高，动脉血氧饱和度降低，并伴有多血症的临床症状及体征。

高原红细胞增多症的临床症状轻重不一，变化十分复杂。其主要症状和体征为头痛，气短，乏力，精神萎靡，心悸，睡眠障碍，耳鸣，食欲差，发绀，结膜毛细血管充血扩张，肌肉和（或）关节痛，杵状手指（脚趾），手指脚趾麻木，感觉异常等。

治疗方法包括吸氧、高压氧、放血以降低红细胞数、放血后输入等量液体（如生理盐水）以促进血液流动，改进循环。最有效的方法是转低海拔地区，一般经1～2个月可自愈。在预防方法上，除一般高原病预防原则外，可采用锻炼呼吸功能的方法（呼吸操、气功等）。

4.6.5　晒伤

高原地区太阳辐射强烈，如果不进行防晒保护，长期在外活动极易被晒伤。这主要是下列三个原因导致的：一是由于海拔高，紫外线很强烈，海拔每升高100

米，紫外线辐射增加1.3%左右；二是由于空气稀薄，透明度高，对紫外线辐射阻挡小；三是由于日出早、日落晚，日照时间很长。

要做到防晒、防晒伤，最好的方法是戴帽、打伞、戴墨镜、穿长衣长裤。同时，正确使用防晒品。防晒品应在出门前半小时至一小时先行涂抹，并在户外定时涂抹。如果超过安全的日晒时段，一样会被晒伤、晒黑。建议参加户外活动使用防晒指数（SPF）20左右、防晒指标（PA）++的防晒品。在高原烈日下活动或去海滩游泳，宜选择SPF30、PA+++的防晒品。此外，维生素A、C、E有非常好的抗氧化功效，建议在前往高海拔地区前后多补充维生素A、C、E，对防止黑斑的形成有很好的功效。

在高原地区一旦被晒伤，要及时地将皮肤表面冷却，避免发炎。对于比较轻微的晒伤，可用含有大量化妆水（爽肤水）的化妆棉做面膜，也可以用冰水替代，以敷脸的方式减轻肌肤发炎症状，等肌肤状态稳定后，再涂抹乳液状护肤品来滋润肌肤。

如果感觉肌肤发热，要先冷却肌肤、止住发热症状。可以用冰水或具有镇静效果的化妆水轻轻拍打，使肌肤的状况稳定下来，并立即涂抹乳液状护肤品，防止脱皮现象。如果已经被日光灼伤，并开始发炎，只能以冷水冷却肌肤，不要涂抹任何东西（医生提供的药物除外）。如果手、脚晒伤，用冷水浸泡即可。如果是脸部晒伤，可用布蘸冷水敷在肌肤上，或用毛巾包裹冰块敷住发热的皮肤，以减缓燥热、不舒服的感觉。在新肌肤长出来之前，绝对不可使用任何化妆品。

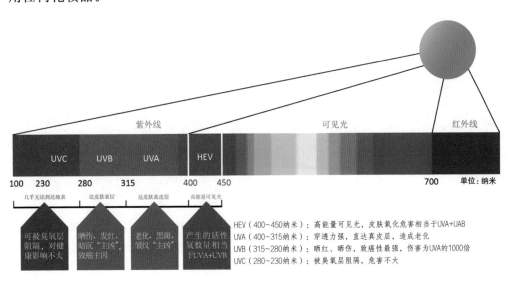

不同波长的太阳光对人体的危害

第 5 章

以自由为翼
——策马草原

　　草原是以旱生草本植物占优势的一类草地生态系统。草原水草丰茂，牛羊成群，畜牧业发达，同时也吸引了大量游客。本章主要就草原的地理特征、动物类型、植被分布、传统民俗、适宜运动、生存技巧等知识进行介绍。

5.1 草原并非都一样

5.1.1　草原的定义

草原是地球生态系统的一种，其定义有广义与狭义之分。广义的草原包括在较干旱环境下形成的以草本植物为主的植被，主要包括两大类型，即热带草原和温带草原。狭义的草原则只包括温带草原。因为热带草原上有相当多的树木。

辽阔的草原

世界主要的草原分布于亚欧大陆北部及北美洲中西部。草原地区年降雨量较少，而且多集中于夏秋两季，冬季少雪、严寒，具明显的大陆性气候。植物以丛生禾本科为主，莎草科、豆科、菊科植物也占有相当比重。

5.1.2　草原的分类

草原的形成原因是土壤层薄或降水量少，使植物无法广泛生长，但草本植物受影响较小。根据生物学和生态特点，可将草原划分为四个类型：典型草原、草甸草原、荒漠草原、高寒草原。

典型草原的建群种由典型旱生植物组成，以丛生禾草为主，伴有中旱生杂类草及根茎苔草，有时还混生旱生灌木或小半灌木。草丛一般高30～50厘米。分布典型草原的地区属于温带半干旱大陆性气候，降水量为250～450毫米。在我国，典型草原主要分布在呼伦贝尔高原西部、锡林郭勒高原大部及鄂尔多斯高原东部等地。

在雨水适中、气候适宜的条件下，由多年生丛生禾草及根茎性禾草占优势所组成的草原植被，称为草甸草原。草甸草原地区属半湿润气候，年降水量350～450毫米，≥10摄氏度的年积温为1800～2000摄氏度。草甸草原主要分布在平坦的洼地和北向的坡地上。如我国内蒙古东北部森林草原带的下部，东北北部广阔平坦的冲积平原、坡地、河谷低地和丘陵地的淡黑钙土、黑钙土和草甸土地区都有分布。

荒漠草原是草原向荒漠过渡的一类草原，是草原植被中最干旱的一类草原。荒漠草原处于大陆内部，属于大陆气候，气候干燥，少雨，年降水量一般只有200毫米左右。荒漠草原是自然条件起主导作用，是自然形成的，但人类活动也起了催化作用，如不合理的放牧、开垦、开采矿物等。在我国，荒漠草原主要分布于内蒙古的集二铁路线以西地区。荒漠草原地区生态环境严酷，放牧牛、绵羊都很困难，只有山羊、骆驼等可以生存。

高寒草原一般在海拔4000米以上，环境为寒冷而潮湿，日照强烈，紫外线作用增强，空气稀薄，土壤温度高于空气温度，昼夜温差极大，年平均温度不到1摄氏度，植物生长季短，年降水量约400毫米，相对湿度在70%以上。植物多低矮丛生，叶面积缩小，根系较浅，植株形成密丛。我国高寒草原主要分布在青藏高原中部和南部、帕米尔高原及天山、昆仑山和祁连山等处。

典型草原

草甸草原

荒漠草原

高寒草原

5.1.3　中国的草原

我国拥有丰富的草原资源，草原总面积将近4亿公顷（1公顷=1万平方米），占全国土地总面积的40%，为现有耕地面积的3倍。我国草原一般可以划为五个大区：东北草原区、蒙宁甘草原区、新疆草原区、青藏草原区、南方草山草坡区。

东北草原区包括黑龙江、吉林、辽宁三省的西部和内蒙古的东北部，面积约占全国草原总面积的2%。

蒙宁甘草原区包括内蒙古、甘肃两省区的大部和宁夏的全部，以及冀北、晋北和陕北的草原地区，面积约占全国草原总面积的30%。本区大多为高原地带，如内蒙古高原、黄土高原等。本区气候是典型的季风气候，冬季寒冷干燥，夏季温湿多雨，春秋气候多变。其中的牧草种类丰富，优良牧草有200多种，如羊草、披碱草、雀麦草、狐茅草、针茅草、早熟禾、野苜蓿、冷蒿等。牲畜主要有牛、马、绵羊、山羊和骆驼等。内蒙古草原是本区的主体，包括呼伦贝尔草原、锡林郭勒草原、乌兰察布草原和鄂尔多斯草原等。

新疆草原区北起阿尔泰山和准噶尔界山，南至昆仑山与阿尔金山之间，面积约占全国草原总面积的22%。本区距海洋十分遥远，周围高山环绕，海洋气流难以到达，因而干燥少雨。牧草种类有羊茅草、狐茅草、鸭茅草、苔草、光雀麦、车轴草等。主要牲畜有新疆细毛羊、三北羔皮羊、伊犁马等。

青藏草原区位于我国西南部，北至昆仑山和祁连山，南至喜马拉雅山，西接帕米尔高原，包括青海、西藏两地的全部和甘肃的西南部，以及四川和云南两省的西北部等，面积约占全国草原总面积的32%，是世界上独一无二的高原草原区，也是我国重要的畜牧业基地之一，盛产牦牛、藏羊、黄牛等各种动物。

我国南方有大片的草山草坡以及大量的零星草地，这些统称为南方草山草坡区。牧草种类繁多，可以放养牛、羊等牲畜。

由于长期的过度开垦和过度放牧等原因，我国草原的沙化、退化现象较为严重。合理利用和保护草原资源是摆在人们面前的重要课题。

呼伦贝尔草原一景

锡林郭勒草原一景

5.2 食草动物的天堂

5.2.1　动物概览

草原动物种类通常较森林区贫乏，但与荒漠区相比，由于草本植物生长十分茂盛，食物条件比较优越，因此草原动物种类还是相当丰富的，特别是富有个体数量。

在哺乳动物方面，数量最多的是大型群居的有蹄动物和穴居的啮齿动物。典型的草原有蹄动物有高鼻羚羊、黄羊、原羊、叉角羚等，啮齿动物有黄鼠、旱獭、蹶鼠、大仓鼠、灰仓鼠、鼢鼠、草原旅鼠、普通田鼠等。典型的草原鸟类有百灵、鸨、红脚隼、鹤等。在草原地带，由于富有啮齿动物，因而猛禽的数量也特别多。爬行动物和两栖动物数量很少，比较常见的有草原蝰、麻蜥蜴等。

高鼻羚羊

旱獭

百灵

温度的季节变化和旱季水分的缺乏，对草原动物生态的影响很大，因此草原动物的季节性变化十分明显。例如，大多数典型的草原鸟类在冬季都向南方迁移，高鼻羚羊等有蹄动物也会向南方迁移到雪被较少、食物比较充足的地区。旱獭、黄鼠、大跳鼠、蹶鼠、仓鼠等典型的草原啮齿动物到冬季都进入冬眠。有些种类在炎热的夏季进入夏眠。此外，动物储藏食物的现象也较普遍，如生活在蒙古草原上的黄鼠，冬季在洞口附近积藏着成堆的干草。所有这一切，都是草原动物季相活动的显著特征，也是草原动物对于环境的良好适应。同样，草原动物的行为受昼夜变化的影响也很明显，特别是在夏季。这是与气候因素具有明显的昼夜变化相适应的。

兔狲

5.2.2　珍稀动物

草原上的珍稀动物很多。珍稀的哺乳动物有羚牛、野牦牛、藏羚、白唇鹿、毛冠鹿、野驴、野马、双峰驼、马鹿、梅花鹿、狼、西藏棕熊、金猫、雪豹、麝、盘羊、草原斑猫、荒漠猫、兔狲、猞猁、豹猫、马麝、高鼻羚羊、鹅喉羚等；珍稀的鸟类有丹顶鹤、白枕鹤、灰鹤、黑颈鹤、白鹤、藏马鸡、藏雪鸡、血雉、大鸨、金雕、草原雕、玉带海雕、苍鹭、大白鹭、兀鹫、秃鹫、胡兀鹫、蓑羽鹤、大天鹅、大鵟等；珍稀的爬行动物有四爪陆龟、沙蟒等。

丹顶鹤

四爪陆龟

5.3　草原植物不只有草

5.3.1　植物概览

在欧亚大陆，草原植被自欧洲多瑙河下游起，呈连续的带状东伸，经罗马尼亚、俄罗斯和蒙古国，直达中国，构成世界上最宽广的草原带；在北美洲，由南萨斯喀彻温河开始，沿经线方向抵达得克萨斯州，形成南北走向的草原带；在南美洲，主要集中于阿根廷和乌拉圭，称为潘帕斯群落；在非洲主要分布于南部，面积很小。

草原群落的种类组成比较复杂，种的饱和度变化较大，每平方米波动幅度为8～35种。靠近森林区一侧，水热组合条件比较优越，草群高大茂密，层片结构复杂，季相华丽，生产力较高。毗邻荒漠区一侧，降水少，干燥度高，草群逐渐稀疏低矮，外貌单调，生产力明显降低。

草原植物为适应干旱的气候，一般叶面积缩小，叶片内卷、气孔下陷、机械组织和保护组织完善。植物的地下部分发达，其郁闭程度常超过地上部分。多数植物根系分布较浅，集中在0～30厘米的土层中。草群中地面芽植物和地下芽植物占多数，高位芽植物极少。草原植物更新以营养繁殖为主，种子繁殖为辅，增加新生个体和繁衍后代的主要方式是分株撕裂和不定芽根蘖。

草原的植物种类，既有一年生草本植物，又有多年生草本植物。在多年生草本植物中，尤以禾本科植物为优势，其种类和数量之多，可以占到草原面积的20%～50%，在草场特别茂盛的地方可以占到60%～90%。它们主要是针茅属、羊茅属、隐子草属、落草属、冰草属、早熟禾属等属中的许多种类。这些植物是草原的"主人"，它们构造草原群落的环境，是群落的建群种。除此之外，在草原上还伴生有许多双子叶植物以及其他形形色色的杂类草植物，如野豌豆、地榆、黄花菜、裂叶蒿等。它们有时成片生长，有时点缀在草原之中。草原上除草本植物外，还生长着许多灌木植物，如木地肤、百里香、锦鸡儿、冷蒿、女蒿、达赖蒿等。它们有的成丛生长，有的相连成片，其中许多种类都是牛、马、羊所爱吃的食物。如木地肤就被我国少数民族牧民称为羊的"抓饭"，可见其营养价值之高。

> **小知识**
>
> 草原是一个蘑菇种类较少而且固定的地方，通常盛产口蘑、鬼伞等真菌，基本上都可以吃，偶尔会生长有毒种类，蘑菇在这里生长，往往会形成蘑菇圈。

针茅

木地肤

5.3.2　珍稀植物

生长在我国草原上的各类植物中，被列为国家重点保护植物的有四合木、半日花、绵刺、沙冬青、革苞菊、蒙古扁桃等，其中被列入《中国生物多样性保护行动计划植物种优先保护名录》的有四合木、半日花、绵刺、沙冬青、革苞菊等。

四合木是一种落叶小灌木，起源于1.4亿年前的古地中海植物区系，是我国特有的孑遗种植物，被誉为植物中的"大熊猫"。四合木是国家二级保护植物，只有宁夏、内蒙古交界的麻黄沟地区有较大范围野生分布。

半日花是半日花科、半日花属植物，矮小灌木，为古老的残遗种。半日花是国家二级保护植物，对研究我国荒漠植物区系的起源以及与地中海植物区系的联系有重要的科学价值。

绵刺是蔷薇科、绵刺属小灌木，高可达40厘米，为国家二级保护植物。绵刺根系粗壮发达，对干旱气候具有特殊的适应性，在极度干旱季节，生长微弱，甚至处于"假死"状态，但当获得一定水分时，又能恢复正常生长，并可开花结实。

沙冬青是豆科、沙冬青属常绿灌木，高可达2米，为国家二级保护植物。沙冬青能在恶劣的自然环境中生长，具有较厚的角质层、密实的表皮毛，气孔下陷，抗旱性、抗热性强，耐寒、耐盐、耐贫瘠，保水性强，在极度缺水的状况下仍能正常生长。

革苞菊是菊科、革苞菊属植物，被列为国家二级保护植物。在荒漠草原中，主要为小针茅群落的伴生成分，常散生于砾石质坡地的上部。革苞菊属是蒙古草原植物区系的特有种属植物，对研究亚洲中部植物的起源和区系特点有重要价值。

四合木　　　　　　　　　半日花　　　　　　　　　沙冬青

5.4 逐水草而居的游牧民

历史上，我国北方游牧民为了适应高寒干旱的气候条件，终年实施严格的集体游动放牧的畜牧业经营方式，这种生产生活方式基于保护稀缺的水资源和可持续轮换使用不同的草场形成的人类智慧及文明。游牧民族的畜牧生活，主要是畜马、牛、羊、骆驼、驴，还有多种野马。平时以射猎禽兽为生，远程用弓矢，近程用刀铤。他们每居一处，众多的马、牛、羊等要喝大量的水，吃大量的草，草被吃得差不多的时候，就必须"逐水草迁移"。

游牧民蓄养的牛可以产奶和耕地，马是重要的战斗和生产工具，而游牧民从羊身上所获取的东西，并不是肉类，而是羊毛、羊奶与羊粪。羊毛能御寒，羊奶能制成奶制品而提供必要的营养，羊粪则可以取暖。羊可以反复生产这三种东西，使得游牧民依靠它们来维持生计。至于宰羊取肉的"一锤子买卖"，并不是理想的选择。如果实在找不到可以猎杀的野生动物，游牧民才会将那些年老体弱的羊或者一部分难以圈养的公羊宰杀，至于尚在壮年的母羊和少量用于配种的公羊，则是他们重点保护的对象。

作为一个合格的游牧民，不仅要能找到适宜羊群就食的草场，还要懂得如何根据季节的变化来合理地安排这些草场。依据季节变化，游牧民会将草地资源划分为春夏秋冬四个草场，便于循环使用，这样羊群集中到其中一个草场吃草的时候，另一个草场的地力能够得到恢复，嫩草也会重新长出，不至于全部被"扫荡"干净。冬草场一般在海拔较低的山坡、山脚处，利于阻隔暴风侵袭，而夏草场一般在海拔偏高的地方，凉爽而干燥。所以，游牧民一般会在3月底赶着羊群向海拔高处进发，其间从春草场补充食物，然后6月进入夏草场。天气转凉后，游牧民在9～11月缓慢赶着羊群向海拔偏低处迁徙，这样羊群在路途中的秋草场补充营养，养出肥膘，到了冬草场后也能利用有限的草地，撑到天气转暖。时间的把控，关乎羊群的存亡，所以一个合格的游牧民必须对此了如指掌。

在草原上自由奔跑的骏马

正在草场上吃草的羊群

在寻找合适的草场同时，游牧民还需要提防食肉动物（例如狼）的出没，所以有时候除一家人同时出动之外，还会再求助于自己的亲戚与同乡，而当亲戚与同乡需要帮助时，他们也会前往援助。所以相比于农耕社会男耕女织的个体经济，游牧社会更注重集体力量。

21世纪，随着经济的发展和收入的增加，我国游牧民逐渐告别了延续

热闹的蒙古族那达慕大会

千百年的游牧生活，实现了定居轮牧，砖瓦房代替了帐篷，开始了发展集约化草原畜牧业的新生活。如今骏马已淡出了他们的生活，摩托、汽车成为牧民的新坐骑。生活发生了翻天覆地的变化，但少数民族的风俗依然特色鲜明。节日里，他们会身着漂亮的民族服装；来了客人，他们也会放歌敬酒，热情豪爽的民族性格令人难忘。

5.5 芳草无尽须纵马

5.5.1 骑马

在古代，骑马是一种出行方式，是人对马的一种驾驭，让马来作为人的代步工具，从而达到长途跋涉、快速行进等目的。如今，骑马是一项集休闲、健身、康复等功效于一体的运动。到了草原，骑马更是一项必不可少的运动。

主要作用

对于普通爱好者来说，骑马有益身心健康。胆子小的人通过骑马可以变得更加坚强，容易冲动浮躁的人通过骑马可以改变其狂躁的性格。长期骑马的人大都谈吐豁达、精力充沛。骑马还是一项很好的减肥塑身运动，骑马半小时所消耗的体能相当于打一场激烈的篮球赛。对孩子而言，骑马可以锻炼胆量、增强爱心、磨炼毅力，还可以锻炼孩子的身体柔韧性、平衡性以及解决问题的能力。由于骑马挺胸、直腰，所以通过学习骑马的基本姿势还可以改掉孩子弯腰驼背的习惯。

推荐装备

骑马需要穿戴头盔、防护背心、手套、马裤和马靴。新手骑马容易磨伤小腿肚、大腿内侧和臀部，所以可以穿上护腿。另外骑马不要穿有防滑功能的鞋，因为一旦从马上摔落下来，最怕脚无法离开脚蹬而造成伤害。

实用技巧

上马时应站立于马匹前腿部位面向马鞍，用左手拉紧马缰握于掌中并握住马鞍的前桥，抬左脚并用右手将马镫套入左脚，右手握住马鞍的后桥同时在左脚的作用力下翻身上马。握缰方法为双手各持一缰，缰绳自无名指及小指间绕出握于拳心，拇指轻压于上。左右手握缰要保持同等长度。骑手端坐于马背要展胸直腰，大臂和上身保持重合，小臂与马缰从各个角度看都应该成一条直线。掌握缰绳可以想象成是在把握方向盘，左右决定了马头的调转方向，松紧程度决定了马匹的起止快慢。骑手可以令马走不同的步法，各种步法是交替进行的，一般是慢步、快步、奔跑、快步、慢步完成一个骑程。

注意事项

不要站在马的后方和侧后方，防止被踢。骑马时尽量装备齐全，戴头盔、穿马裤，保护自己。上马前一定要自己或让马主检查一下缰绳、肚带、脚蹬的牢靠程度，并调整好脚蹬的长度。不要在马上脱换衣服，尤其是鲜艳衣服，否则马易受惊。骑马时尽量不要戴眼镜，女性不要戴发卡，以免落马时划伤头部。

骑术高超的草原牧民

骑马结伴而行的游客

5.5.2　滑草

滑草是使用履带用具在倾斜的草地滑行的运动。其基本动作与滑雪相同，因此最初作为滑雪季节准备运动的一环，在滑雪国家队的夏季训练中被采用。由于滑草契合新时代环保的理念，且具有能在春夏秋季节体会滑雪乐趣的独特魅力，自德国推广到世界各国，颇受人们喜爱，从而形成了世界规模的大型运动。它所具有的娱乐休闲性，使许多追求速度和生活乐趣的女性也乐此不疲。

主要作用

滑草是一项前卫运动，和滑雪一样能给运动者带来动感和刺激。滑草比滑雪更具有娱乐性，更能体验人与大自然的和谐。滑草时需要的场地较大，甚至占据整个山坡，在感受风一般速度的同时又能领略大自然的美好。

滑草鞋特写

推荐装备

滑草器、固定器、滑草鞋、滑草杖、护具、润滑油。

实用技巧

与滑雪一样，滑草场会根据游客的不同熟练程度划分不同难度的坡度区域，使人由浅入深地掌握各种技巧。对于初学者，首先要克服对坡度、速度的恐惧感，培养滑感。开始滑草时，双膝微曲，眼睛自然平视远方而不要盯着自己的滑草鞋（滑草器）。重心向前而不要向后，小腿要向前用力压紧滑草鞋（滑草器）。双手握住滑草杖向前举

滑草运动员

起，双肘微曲。遇到转弯点时，要控制好自己的平衡，身体向左倾倒就向右转，身体向右倾倒就向左转。

注意事项

滑草时，要稍收下颌，使其贴近胸部，以防后脑受创。同时要放松肢体，僵直的身体更容易受伤。此外，失误后不要硬撑，一旦失去重心，初学者不要试图重新取得控制，自然摔倒反而不易受伤。

5.5.3　卡丁车

卡丁车是英文karting的译音，意为微型运动汽车。卡丁车的结构极其简单，一个车架、一台两冲程发动机、四个独立车轮便构成了卡丁车的全部。因其具有易于驾驶、安全而又刺激的特点，所以迅速风靡世界。卡丁车运动通常是在游乐场或赛场上进行，在辽阔的草原上进行的卡丁车运动比较少见，却别有一番滋味。

主要作用

驾驶卡丁车不仅可以给驾驶者带来身体上、视觉上的高度刺激和乐趣，还是对青少年实施思想、道德、技能教育的好课堂。它能培养青少年勇于拼搏的精神和良好的心理素质，使其自觉遵守纪律和各项法规，树立良好道德观念。同时，还能适应社会发展，普及汽车驾驶技术、汽车基础理论知识和机械常识，提高动手能力。

推荐装备

草地卡丁车、头盔、手套。

实用技巧

草地卡丁车操作简便，车手只需记住左脚踩刹车、右脚加油门、转向比是（3∶1）～（5∶1），即可驰骋赛场。

注意事项

草地卡丁车的操作比较简单，和游乐场中的卡丁车游戏大同小异。玩草地卡丁车时，最重要的是克服紧张心理，并且不能一味追求速度而忽略了安全因素。

草地卡丁车

草原上的卡丁车赛场

第 6 章

探山海之秘
——海岛寻幽

　　海岛生态系统是海洋系统的重要组成部分，是国家海洋经济发展的基础，其资源价值巨大。丰富的海岛物种资源是我国海洋开发的重要依托，是保护海洋环境、维护生态平衡的重要平台，是捍卫国家权益、保障国防安全的战略前沿。同时，绝美的海岛风光也吸引了大量的游客。本章主要就海岛的地理特征、动物类型、植被分布、适宜运动、生存技巧等知识进行介绍。

6.1 海洋中的明珠

6.1.1 海岛的定义

海岛，现代汉语指被海水环绕的小片陆地。2000年10月12日，国家质量技术监督局批准发布《海洋学术语　海洋地质学》（GB/T 18190—2000）国家标准，其中海岛指散布于海洋中面积不小于500平方米的小块陆地。但是，海岛的法学定义一直以来在国际上存在争议，历经多次修改，通常是引用1982年《联合国海洋法公约》第121条的明确规定："岛屿是四面环水并在高潮时高于水面的自然形成的陆地区域"。

海岛的地位极其重要，但管好和用好海岛并不容易。海岛离开陆地，自然形成，岛屿及周围海域大都是港口资源丰富、油气资源前景美好、渔场面积辽阔、天然景色美观。从国家权益来讲，海岛是划分内水、领海及其他管辖海域的重要标志，并与毗邻海域共同构成国家领土的重要组成部分；从国家发展来讲，海岛是对外开放的门户，是建设深水良港、开发海上油气、从事海上渔业、发展海上旅游等的重要基地；从国家安全来讲，海岛地处国防前哨，是建设强大海军、建造各类军事设施的重要场所，是保卫国防安全的屏障。但是，海岛与陆地相比也存在不少不利条件，如海岛土地资源、森林资源有限，淡水资源短缺，生态系统脆弱，自然灾害频繁，交通不便等，这些不利条件增加了开发和利用海岛的难度。

曾作为拿破仑流放地的南大西洋圣赫勒拿岛

6.1.2 海岛的分类

海岛根据不同方面的属性有多种分类方法。按成因，可分为大陆岛、海洋岛和冲积岛。大陆岛指的是其地质构造与邻近的大陆相似，原属大陆的一部分，由于地壳下沉或海水上升致其与大陆相隔成岛。海洋岛是在海洋中自行生成的岛屿，在地质构造上与大陆无关。冲积岛是陆地的河流夹带泥沙搬运到海里，沉积下来形成的海上陆地。

按形态，可分为群岛、列岛和孤岛。群岛一般是指集合的岛屿群体，是彼此距离很近的许多岛屿的合称。列岛是群岛的一种，一般指排列成线形或弧形的群岛。

孤岛是远离陆地的孤立岛屿。

按物质组成，可分为基岩岛、沙泥岛和珊瑚岛。基岩岛的基底与大陆是连在一起的，当地壳运动造成地面抬升露出海平面，或者因为气候变暖引起海平面上升并将陆地淹没时，高出海平面的山峰或者丘陵就成为海岛。沙泥岛是由粉沙、泥土和沙等碎屑物质经过长期堆积作用形成的岛屿。珊瑚岛是由珊瑚遗骸堆积并露出海面而形成的岛屿。

按面积大小，可分为特大岛、大岛、中岛和小岛。特大岛是指面积大于2500平方千米的海岛。大岛是指面积为100～2500平方千米的海岛。中岛是指面积为5～100平方千米的海岛。小岛是指面积小于5平方千米的海岛。

按离岸距离，可分为陆连岛、沿岸岛、近岸岛和远岸岛。陆连岛是由湾坝或沙嘴与陆地连成一体的岛屿。沿岸岛是指与大陆距离小于10千米的岛屿。近岸岛是指与大陆距离10～100千米的岛屿。远岸岛是指与大陆距离大于100千米的岛屿。

按所处位置，可分为河口岛、湾内岛、海内岛和海外岛。河口岛是在河流入海口因泥沙淤积形成的岛屿，能否形成河口岛与该入海口的水文特征有直接关系。湾内岛是指分布在海湾以内的岛屿。海内岛是指分布在海湾以外，离大陆海岸在45千米以内的岛屿。海外岛是指离大陆海岸在45千米以外的岛屿。

此外，按有无人居住，可分为有人岛和无人岛；按有无淡水，可分有淡水岛和无淡水岛。

马尔代夫的珊瑚岛

日本伊豆群岛中的青之岛（航拍图）

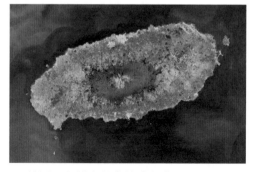

韩国面积最大的岛屿济州岛（卫星图）

6.1.3　中国的海岛

在我国，面积在500平方米以上的海岛有7300多个，总面积约72800平方千米，岛屿岸线长约14200千米。其中有人居住的岛屿约有450个，总人口超过450万。其他的无居民海岛大多面积狭小，地域结构简单，环境相对封闭，生态系统构成也较为单一，而且生物多样性指数小，稳定性差。

我国岛屿小岛多、大岛少，无人岛多、有人岛少，缺水岛多、有水岛少。我国岛屿面积一般不太大，90%的岛屿面积不足1平方千米。面积超过1000平方千米的大岛有台湾岛、海南岛、崇明岛等。东海是我国岛屿最多的海域，东海的岛屿约占全国岛屿总数的60%，其中的舟山群岛为我国第一大群岛。南海的岛屿约占全国岛屿总数的30%，黄海、渤海的岛屿约占全国岛屿总数的10%。

由基岩构成的岛屿占我国岛屿总数的90%以上，它们受新华夏构造体系的控制，多呈北北东方向，以群岛或列岛形式作有规律的分布。海南岛是我国较大的基岩岛之一，其他基岩岛主要分布在辽东半岛沿海、山东半岛沿海、浙闽沿海、华南沿海。我国最大的沙泥岛是崇明岛，位于长江口，成陆历史有1300多年，被誉为"长江门户、东海瀛洲"。我国的珊瑚岛主要分布在南海，由岛、沙、礁、滩组成的南海诸岛包括东沙、中沙、西沙和南沙四大群岛及黄岩岛。

海南岛美景

6.2 丰富的海岛动物

我国是世界上海岛众多的国家之一，由北至南分布着数千个海岛，地跨3个气候带和30多个纬度带，海岛及其周边海域蕴藏着丰富的生物资源。动物资源有鸟类、哺乳类、两栖类、爬行类和珊瑚类等。此外，海岛周边还是渔业资源较为丰富的区域。

由于远离大陆，受人类影响较少，海岛成为众多海鸟栖息繁育的场所。同时，海岛还是海鸟迁徙途中的海上中转站，东亚—澳大拉西亚鸟类迁徙路线便主要通过我国东部沿海岛链。鸟类是我国海岛动物资源中较多的一类，约有400种，80%以上为候鸟和旅鸟，留鸟较少。代表鸟类有红喉潜鸟、黑足信天翁、海燕、小军舰鸟、海雀、白鹭、海鸥、红脚鲣鸟等。

哺乳类动物主要分布在面积较大的海岛上。如海南岛上生活着70多种哺乳

红脚鲣鸟

类动物，约占全国哺乳类动物总数的21%，代表动物有黑熊、云豹、野猪、坡鹿、黑冠长臂猿等。

两栖类动物以蛙科为主。如海南岛上生活着14种特有两栖动物，分别为海南小姬蛙、海南疣螈、海南拟髭蟾、鳞皮小蟾、海南湍蛙、小湍蛙、细刺水蛙、海南臭蛙、海南琴蛙、脆皮大头蛙、海南溪树蛙、海南刘树蛙、眼斑刘树蛙、鹦哥岭树蛙。

爬行类动物以龟科为主。西沙群岛是海龟在我国生长、繁殖的集中地。在西沙群岛出生的海龟是绿海龟，为全世界7种海龟之一。小海龟会随着洋流迁徙几千千米，大多以鱼、虾、蟹、软体动物以及海藻为食物。海龟成长到20～30岁性成熟时，大多转返出生地产卵。

绿海龟

珊瑚类有400多种，大部分是造礁石珊瑚，造礁石珊瑚物种约占印度-西太平洋区系总数的1/3。

6.3 绚烂的海岛植物

生态平衡和生物多样性是人类赖以生存的条件，是社会、经济得以持续发展的基础。作为海上的陆地，海岛是特殊的海洋资源和环境复合区域，海岛的生物资源以及海岛周围的海洋生态环境是人类与自然保持和谐依存的载体。我国海岛滩涂和近海海域宽阔，物种资源极为丰富，为海洋生物的生长繁殖提供了优良的场所。海岛上植物资源十分丰富，有药用植物、用材林、防护林、纤维植物、杀虫植物、油料植物、可食用植物及绿化美化环境的植物等。

以海南岛为例，该岛属于海洋性热带季风气候，森林覆盖率达62.1%（2022年数据），拥有全国分布最集中、保存最完好、连片面积最大的热带雨林。岛上有4600多种野生维管植物，约占全国维管植物总种数的15%。海南岛素有"天然药库"之称，有2500多种和人类健康有密切关系的药用植物，记入药典的有500多种。海南岛还是我国兰科植物集中分布地之一，约有270种

郁郁葱葱的海南五指山

兰科植物。

海岛生态系统由于地理隔离摆脱了其他地域的影响，按照特有的进化体系演变，并形成了有别于其他任何地方的植物区系。海岛植物区系有别于陆地的一个特点就是小面积范围内分布有大量的特有属、特有种。如海南岛有我国种子植物特有属21个，其中9属仅分布在海南岛。

海岛植物种群由于分布范围局限，生境脆弱且种群规模较小，较陆地植物种群具有更高的灭绝风险。另外，经济利益驱使人们长期过度采挖药材和盗伐木材，大量具有药用价值、经济价值、观赏价值的植物遭受严重破坏，种群数量日益缩小。

我国海南岛植物种类丰富，古老植物保存较多，加上是典型的岛屿环境，因此珍稀濒危植物种类众多。例如，红榄李为国家二级保护植物，也是《国际湿地公约》中的濒危物种，它是红树的一种，天敌多、发芽率低，培育难度极大，被誉为红树林中的"大熊猫"，国内一度仅在海南岛有14株，且均处于老化或退化阶段；降香黄檀为国家二级保护植物，是价值极高的红木树种，被誉为"红木界的国宝"，野生种群仅见于海南岛。

在我国舟山群岛，拥有目前世界仅存的一株普陀鹅耳枥野生植株。它是国家一级保护野生植物，栽种于普陀山风景区的佛顶山慧济寺西侧，树龄约250年，是我国特有的珍稀植物，有"地球独子"之称。

红榄李

普陀鹅耳枥

6.4 多样的亲水运动

6.4.1 游泳

游泳，是在水中靠自身浮力漂浮，凭借自身肢体动作在水中前进的技能。

从古至今，无论是为了捕猎、逃避猛兽或是遇上海难时得以自救，游泳都是一门重要的求生技能之一。

主要作用

游泳是一项有氧运动，也是一项从头至脚使全身都能得到锻炼的运动。长期进行游泳锻炼，不仅能有效地防治颈椎、肩肘、关节、呼吸道及心肺疾病，还可有效减少肌肤的松弛和老化，使其更光洁润滑，富有弹性，同时还能消除忧郁和疲劳感，减轻精神和肢体的负担。由于水对人体有着极强的可塑性，故长期坚持游泳还能对人体形态，尤其是腹部、臀部、肩背部、腿部、足部的曲线及脊柱生理弯曲进行有效调整，并向流线型发展，从而塑造出人体最美的体形。总之，游泳不仅健身、防病，而且对减肥、塑形、增强肌肤弹性及活力都有着很好的效果，可以满足不同性别、不同年龄段人的需求。

推荐装备

必备装备：泳帽、泳衣/泳裤、泳镜。

推荐装备：背包/手提包、浴巾/毛巾、水杯、拖鞋、洗浴用品、游泳耳塞。

非必需装备：鼻夹、防水手机袋、水下运动手表、游泳耳机、护理用品、电风吹。

新手练习装备：浮板、背浮、游泳圈。

其他辅助训练装备：呼吸管、脚蹼、划水板。

户外装备：防水防晒霜、防晒水母服。

实用技巧

初学游泳，由于怕水，容易紧张、心慌，所以要先让自己不怕水，通过熟悉水性来克服这一障碍。此外，还要学会游泳的呼吸方法和身体的上浮方法。

在水中走动和跳动，体会水的阻力、压力，慢慢在水中学会保持身体平衡的方法，进而克服怕水的心理。

水中呼吸和水上呼吸的方法是不一样的。在水中，需要用口吸气，然后用鼻子呼气。学习时，先站在岸上，深吸一口气，然后沉入水中蹲下，用鼻子均匀地吐气。吐完气再起身重新吸气，逐步学会呼吸方法。

站在水中，深吸一口气，然后下蹲，两手抱着膝盖，使身体慢慢上浮。注意，需要用鼻子慢慢吐气，否则会出现呼吸不畅的情况，进而影响到身体上浮。

注意事项

饭前饭后忌游泳，因为空腹游泳会影响食欲和消化功能，还可能在游泳中发生头昏、乏力等意外情况；而饱腹游泳会影响消化功能，还可能产生胃痉挛，甚至呕吐、腹痛。剧烈运动后也忌游泳，否则会使心脏负担加重，同时体温的急剧下降，也会导致抵抗力减弱，引起感冒、咽喉炎等。对于爱美的女性来说，游泳健身是不错的选择，但是女性切忌月经期游泳。

在浅海游泳的人

正在水中游泳的女子

6.4.2 潜水

潜水是一种集水下观光、水下摄影、水下探索为一体的新兴运动形式。随着水上、水下运动的日益普及，潜水这种专业性较强的运动也逐渐走进了大众生活。潜水从性质上分为休闲潜水和自由潜水。休闲潜水是指以水下观光和休闲娱乐为目的的潜水活动，又可分为浮潜和水肺潜水（即使用气瓶和水下呼吸器进行潜水）。人们平常能接触到的潜水观光就属于休闲潜水。自由潜水则是不需携带任何器具，靠人的调息和闭气，进行深度下潜的潜水运动。

主要作用

潜水可以增大肺活量，增强主要肌肉群的力量，提高游泳技能。由于潜水呼吸是经过压缩的空气，氧分子通过血液的流动能更好地渗透到皮肤中，加快皮肤的新陈代谢，从而达到美容的效果。由于人在水里消耗的热能比陆地上大，所以潜水运动也成为减肥健身的好办法。潜水也可以磨炼意志，培养团队精神。在学习潜水的过程中，除了能够掌握许多有关潜水的物理、生理和医学知识及海洋生物知识外，还能学到急救、溺水抢救等知识。

推荐装备

浮潜的装备比较简单，只需利用面镜、呼吸管和脚蹼就可以漂浮在水面上，然后通过面镜观看水下景观。水肺潜水的装备比较复杂，全套装备包括面镜、呼吸管、脚蹼、呼吸器、潜水仪表、气瓶、浮力调整背心和潜水服等，在开放水域潜水时，还要携带潜水刀、水下手电乃至鱼枪等必要的辅助装备。

实用技巧

潜水前的必要学习包括呼吸管和调节器的使用方法、水面休息方法、紧急情况处理等。入水前的准备工作非常重要，自己亲自检查装备功能是否正常，同伴间再相互检查一遍。

入水的姿势有多种。正面直立跳水时，水深需在1.5米以上，双脚前后开立，一手按住面镜，另一手按住气瓶背带。背向坐姿入水时，面向里坐在船边上，向后仰面入水。侧身入水时，在船上浮卧滚身入水。此外，还有适合初学者采用的正面坐姿入水。

潜降时，采用浮力调整背心，配合配重带，头上脚下进行潜降。上升时，将上升速度控制在每分钟18米以内。简单地说，就是不要超过自己呼出的气泡的上升速度。上升时抬头看水面，可以伸出右手指定方向。

注意事项

潜水切忌单独行动，因为对海域不了解，可能会有诸多隐藏的危险，如果单独行动很容易出现不可逆转的后果。同时，如果与同伴一起在水底时，若突然发现同伴不见了，一般只允许在水底继续等待或者寻找1分钟便需离开。潜水过程中，切勿随意触摸海洋动植物。

潜水爱好者与海龟相遇

潜水爱好者在珊瑚礁中穿行

6.4.3　滑水

滑水是人借助动力的牵引在水面上"行走"的水上运动。滑水最早起源于20世纪初的美国，并迅速在欧美等发达国家和地区普及开来。滑水是国际奥林匹克运动委员会正式承认的运动项目。根据滑水者所使用的滑水板种类或不使用滑水板，滑水大致可以分成花样、回旋、跳跃、尾波、跪板、竞速、赤脚等项目。

主要作用

滑水既可以使人感受高速滑行带来的刺激，又能使人体会翻、转、跳、跃带来的快乐，让人充分享受夏日蓝天碧水的温情以及体育运动带给人的无穷乐趣。滑水可以增强手臂和腿部肌肉，提高手和脚的灵活性，提高身体反应速度，促进手眼协调和平衡。

推荐装备

滑水拖船、滑水板、保暖服、救生衣、滑水拖绳、拉把、其他器材（滑水手套、臂环、滑水短裤、划桨、救生圈、氧气袋、尼龙背心等）。

实用技巧

在滑水的时候，姿势要保持稳定，手臂一定要伸直，膝盖要轻轻弯曲，不能弯曲太多。如果是第一次体验划水，当身体不能保持平衡时，应立即松开手中的绳索，以免发生意外事故。

注意事项

滑水前，应加强体育锻炼，可通过有氧运动和力量锻炼来提高身体的机动性。滑水时，不要随身携带照相机、手机等不防水的物品。

刺激的滑水运动

滑水时激起的水幕

6.4.4　冲浪

冲浪是人站立在冲浪板上，或利用腹板、跪板、充气的橡皮垫、划艇、皮艇等驾驭海浪的一项水上运动。

主要作用

冲浪时，为了保持身体的平衡，肌肉始终绷紧，从而使背部、腹部的肌肉得到锻炼。同时还要不断寻找平衡的位置，从而锻炼了大腿的肌肉。此外，还需要不断抬头、转头、两臂滑水，这些动作对颈部、肩部、腰部都有很好的锻炼作用，也有助于恢复受损部位的功能。

推荐装备

冲浪所需的装备不多，只要一块冲浪板就足够了，可以说是除了游泳以外最简单的海上户外运动。然而为了安全地进行冲浪，也需要准备一些安全装备。

防滑蜡：涂抹于冲浪板表面，让冲浪板表面变得粗糙，防止冲浪者骑乘过程中滑倒。

冲浪鞋：使用冲浪鞋在一定程度上会影响冲浪体验，但由于冲浪鞋能够有效保护脚部免受伤害，因此在礁石底的冲浪点冲浪时是很有必要的。

防晒衣、冲浪服：衣着对于冲浪者而言有很多好处，防止礁石、珊瑚、水母等伤害的同时，还能为皮肤提供物理防晒。在大风和低温的天气环境下，还能起到保暖的作用。

防晒用品：防晒对于冲浪者而言至关重要，选择冲浪用防晒霜，可以在烈日下更好地保护面部、颈部等脆弱部位。除了涂抹防晒霜外，还可以选择渔夫帽进行物理防晒。

眼、耳、鼻保护用具：虽然没有多少人会额外对耳、鼻使用护具，但如果对个人卫生和安全有更多的顾忌，使用耳、鼻护具可以起到更好的保护作用。一般情况下，不推荐佩戴隐形眼镜进行冲浪活动，如有严重的视力障碍，订制一副有度数的宽视野泳镜进行冲浪更为稳妥。

实用技巧

冲浪时，最好的海浪是中间崩溃、往两边斜面推进的海浪，最危险的海浪是以一排涌起、瞬间崩溃的海浪，如果遇到这样的海浪，最好上岸休息。在冲浪板与海浪撞击的时候，不能用手去拉安全脚绳和冲浪板。冲浪板由外海冲回岸边，在水深约30厘米时，要立即下板，避免冲浪板直接撞击岸边的石头。

在外海区遇到"疯狗浪"时，要迅速把冲浪板往后丢，并潜水躲藏。如果碰到涌向外海的海流，应以斜面方向跟着海流走，千万不要把安全脚绳丢掉而选择游泳回来，最好是趴在浪板上休息，等待救援。

注意事项

冲浪板携行要注意转弯的地方，朝海边走出去时，手上拿着冲浪板的角度要成直线，千万不可把冲浪板放在身体前面，防止冲海浪撞击浪板打到自己的身体。冲浪时，应与其他人保持足够的距离。如果看到水母出现，或是被水母咬到，应赶快上岸休息，进行必要处置。

勇敢无畏的冲浪爱好者　　　　　　　　　　冲浪爱好者在浪尖起舞

6.4.5　帆板运动

帆板运动是介于帆船和冲浪之间的新兴水上运动。帆板由带有稳向板的板体、有万向节的桅杆、帆和帆杆组成。人站在板体上，利用吹到帆上的自然风力，通过帆杆操纵帆使板体产生速度而在水面上行驶，靠改变帆的受风中心和板体的重心位置而在水上转向。因和冲浪有密切关系，故又称风力冲浪板或滑浪风帆。

主要作用

帆板运动具有新奇性、惊险性、神秘性和动态的美感。要一个人面对辽阔的自然水域，必须抛弃自己的懦弱胆怯，学会应变和独立思考，战胜一切困难。同时，帆板也是考验人的毅力、耐力和意志力的运动，会一次次跌入海中，呛入咸涩的海水。

推荐装备

参加帆板运动需要的装备有帆板、胸钩绳、腰钩、潜水衣、救生衣、手套、防滑鞋、防晒霜等。

实用技巧

起帆时板体应与风向成直角，而帆前缘顺着同风向放置，利用双足踩夹帆杆根柱，用身体的力量缓慢拉动帆杆绳子，直至把帆杆竖直，然后出手抓住帆杆中间附着的横式手把柄。出发前还要确认帆杆根柱是否插进板体的万向接头上，左右抖动手把柄看看是否运用自如，接着就可以入水了。

帆板的基本驾乘方法如下。①侧风驾乘，航行方向与风向成90度角，是所有驾乘技巧的基础。②顺风驾乘。风来自正后方，看起来速度应该会很快，但因为顺风使帆的压力几乎消失，人失去凭靠，不易保持平衡，反而使速度放缓，容易发生危险。③偏顺风驾乘。风由斜后方吹来，是介于侧风和顺风间的航行，不仅速度快，还容易保持平衡，是最佳驾乘条件。④偏逆风驾乘。风来自斜前方，此时帆对风的张角非常小，速度会逐渐转慢。⑤逆风驾乘。无论帆板或帆船都不能逆风（顶风）而行，但可采用曲折迂回的之字形航行，即交替以向左和向右的偏逆风驾乘。

注意事项

帆板运动要"看天行事"，应了解当天的风、浪状态后才可出海。一般6～7级的风最能发挥航行速度，板体也较稳定。然而因帆板十分轻巧，当风浪在5级以上时，帆面就要缩小些，否则会有翻覆的可能。潮起时，海流最急。涨潮时，水满好玩。退潮时，则礁石裸露，多险情，稍不留心就会撞上去。一般礁石凸角多的地方，也是水流最急之处，是帆板最忌讳的禁行区。

帆板爱好者结伴而行

身手不凡的"弄潮儿"

6.4.6　帆船运动

帆船是利用风力前进的船，是继舟、筏之后的一种古老的水上交通工具，已有5000多年的历史。帆船运动是运动员驾驶帆船在规定的距离内比赛航速的一项运动，集竞技性、娱乐性、观赏性于一体。

主要作用

帆船运动具有较高的观赏性，备受人们喜爱。经常参加帆船运动，能增强体质，锻炼意志。特别是在风云莫测，海浪、气象、水文条件的不断变化中迎风斗浪，能培养战胜自然、挑战自我的拼搏精神。

推荐装备

参加帆船运动需要的装备有帆船、浅色长衣长裤、备用衣裤、救生衣、防寒服、帽子、太阳镜、航海手套、防滑鞋等。

实用技巧

帆船的最大动力来源是"伯努利效应"，也就是说当空气流经一个类似机翼的弧面时，会产生一个向前和向上的吸引力。因此，帆船才有可能朝某角度的逆风方向前进。而正顺风航行时，"伯努利效应"消失，船只反而不能达到最高速度。有逆风航行能力的船，若要往逆风方向前进，必须采取Z字形的路线才能到达目的地。

对于所有帆船初学者来说，首先应该培养对风、水流以及它们之间变化的高度敏感性。要时刻关注风向、天气、波浪、水流和距离岸边的距离。通过体会这些环境因素并且预测周围的变化，就能不依靠他人在各种不同的环境中自信地航行。航行过程中，注意观察游泳和潜水区，远离渔网，远离商业航线。

注意事项

良好的身体状况能增加帆船运动的乐趣。调帆、压舷、调整帆船的航行状态都会消耗大量的体力。最好的准备运动是有氧运动和无氧运动。运动安排应该符合年龄和身体状况，并做热身运动。柔韧性练习也有益处，因为帆船运动需要使用很多复杂的动作。航行前后的伸展运动将最大限度地减少肌肉的僵硬，降低身体的不适感。为防止脱水，建议在出海前和航行时饮用大量的水。

帆船竞赛

帆船运动爱好者

6.4.7 摩托艇运动

摩托艇运动是驾驶以汽油机、柴油机或涡轮喷气发动机等为动力的机动艇在水上竞速的一种体育活动，它要求运动员熟悉并适应水上生活，具有航海基本知识、驾驶船艇和使用小型高速发动机的技术。摩托艇运动始于美国、英国、德国等一些工业发达的国家。随着人类向海洋进军的需要，摩托艇运动日益发展，技术水平越来越高，运动员的技术成果为船舶设计和船用发动机制造业做出了贡献。

主要作用

摩托艇运动是集观赏、竞争和刺激于一体，富有现代文明特征的高速水上运动。对普通人来说，摩托艇运动不仅能丰富文化娱乐生活，还能提高身体素质，培养战胜自然、挑战自我的拼搏精神。

推荐装备

参加摩托艇运动需要的装备有摩托艇、紧身衣裤、救生衣、沙滩运动鞋、太阳镜、防晒霜等。

实用技巧

操纵摩托艇的技术关键是起航、加速、绕标、超越和冲刺等。摩托艇的高速特性，对航行有着严格的要求。航行时注意力应高度集中，随时观察水面情况，及时改变航向，避开漂流物体及水下浅滩、暗礁等障碍。对正在航行的船只，应判明其前进方向，估计其航行速度并注意它是否拖带其他物体，切忌从拖带的船只和物体间通过。整个航行过程中要求保持沉着镇静，避碰避浪时要灵活勇敢，才能应对出现的复杂情况，保证顺利航行。

注意事项

虽然摩托艇的操作比较简单，但初学者最好有专业人员陪伴，不要独自前行，以免跌落水中发生危险。贵重、易脱落的物品不要随身携带，如手机、照相机、手表等。航行时，严守航行规章。海上艇只较多时应错开航道航行，不要前后紧跟，以免在前面艇只出现减速、停机、转向或突然翻艇等情况时来不及避让。

摩托艇运动爱好者

摩托艇特技表演

6.4.8 海钓

海钓是指在海面或海边钓鱼。海钓的主要对象是鲈鱼、黄鱼、鳕鱼、带鱼、石斑鱼、鳗鱼等，由于海中的鱼类是咸水鱼类，它们比淡水鱼类更凶猛，更加贪吃，因此有利于钓鱼的收获量。海钓在欧美发达国家和地区已有上百年的历史，海钓爱好者与礁石作伴，与海浪共舞，垂钓之间其乐无穷。

主要作用

海钓是休闲活动也是体育运动，既刺激又富有乐趣，还能锻炼身体。一名优秀的海钓手，不仅要具备丰富的海钓知识，同时还要掌握攀岩、登山、航海、游泳等技能，也要有负重行走的能力。特别是夏天海钓，还要忍受高温的煎熬，整个人裹得严严实实，没有良好的身体素质是不行的。

推荐装备

海钓需要的装备有海竿、高筒防水胶靴、救生衣、窝料、抄网、手套、墨镜、防晒衣、毛巾等。

实用技巧

海洋与淡水自然环境差别较大，首先是海洋有暖流、寒流，许多海鱼都有随季节性流游动的习性，季节性流还会带来大量有机物和浮游生物，尤其是寒流和暖流相遇之处，更是海鱼觅食的最佳场所。海洋有潮汐的涨落，海水涨潮会把大量的有机物质和鱼带到岸边，此时更有利于垂钓。落潮后，则一般不宜垂钓。早、晚海面相对平静，适宜垂钓。

根据海竿的特点，有以下几种投抛方法。①上投式：两脚分开，脚往前站，身体重心偏至左脚，左手握线、坠，以40度～50度角，右手挥竿，左手将线坠抛出。采用这种方法，鱼坠和鱼线的摆动幅度小，落点准确，简单易学。②斜投式：左脚后退半步，左肩后偏，双手同时握住海竿，竿与水平面呈45度角。左手食指压住鱼线，重心落在右脚，竿梢从右手方往前挥。鱼坠通过头顶时，放开鱼线，使钩坠自然落入水中。这种方法不易掌握，需多次反复练习，一旦熟练后则可投远，目标准确，操作方便，尤其适合海钓。除此之外，还有侧投（投坠线的中线居于上投和斜投之间）、单臂投、坐投、跪投等多种方法。

海滩上的垂钓者

出海钓鱼

注意事项

出海钓鱼要结伴同行，不可单独行动，如果发生意外事故，不管是不是同伴，都应互相帮助。出发前一定要确认天气预报。从出海开始就要穿好救生衣，以防不测。注意防范礁石、灌木里的蛇、野蜂等动物的伤害，还要防止毒鱼刺伤，海里不认识的东西绝对不要碰。若海钓进行中天气恶劣，要及时撤退。

6.5 海上求生要诀

6.5.1 频繁的海难事故

海洋是一个神秘而又危险的世界。水下世界无法用肉眼直接观察，只有潜到水下才能了解其中的秘密，而人类的身体机能大大限制了下潜深度和时间。16世纪之前，人类不知道海洋有多大。20世纪之前，人类并不知道海洋有多深。即使到现在，人类对海洋的认识也十分有限，仅仅探索了海底的5%左右。对于占地球表面71%、平均深度达3729米的"巨大水体"，可以说人类只触摸到了"冰山一角"，远不及对太空的了解。

世界上海洋最深的地方位于西太平洋的马里亚纳海沟，最深处达11034米，而到过最深处的仅有几人。出于对未知事物的恐惧，很多人面对大海时，会有一种被压迫的窒息感，从而产生晕厥、呼吸不畅、心跳加速的症状。

事实上，大海确实"喜怒无常"，表面上风平浪静，实际上暗潮汹涌。由海洋引发的灾难来势凶猛，热带气旋、风暴潮、海啸等都会对海上的船舶和沿海的建筑造成巨大的破坏。身处变幻莫测的海上，每年都有不少人成为海难事故的受害者。

常见的船舶紧急情况中，火灾、碰撞、爆炸、触礁、搁浅、船体破损、沉没、机损事故、人员落水、海盗事件以及战争等是造成海难事故的主要原因。当船舶发生海难事故，在决定弃船时，所有的船上人员都应充分利用船上的救生设备，运用海上求生的知识和技能，尽力克服海上的困难和危险，延长遇险人员的生存时间，增加获救的机会，直至脱险获救或自救成功。

随着现代航海科技的发

遭遇海难翻倒的船舶

展，救生设备越来越先进，海上救生手段也日益丰富，船与岸、船与船之间的通信方法、手段越来越多而且越来越便捷，海上搜救也正日益迅捷。但是，先进的航海科学技术和完备而先进的救生设备也不能替代海上求生技能训练——具备丰富的海上求生知识、坚强的求生意志以及熟练的救生设备操作使用技能，可在海上遇险求生的过程中大大增加获救的可能性。

6.5.2　求生的主要困难

当发生海难事故时，船上人员弃船求生所面临的困难主要有溺水、暴露、晕浪、饮用水与食物的缺乏、遇险位置不明以及求生意志的下降等。

求生者落入水中，如果没有穿戴个人救生设备，首先遇到的困难就是溺水，如果不能及时获救，就有溺亡的危险。即便是游泳技术很好的人，在茫茫大海中也坚持不了很长时间。

由于人体在水中的散热速度要比在陆地上快得多，求生者浸泡在水中，体热会很快地散失。统计数据表明，海难中落水人员死亡的主要原因就是暴露在寒冷的海水中。当然，在酷热的天气里，落水人员也会有中暑或衰竭的危险。

弃船后，人员在救生艇筏内晕浪是常常遇到的难题，即使是有经验的海员也可能会晕浪。晕浪引起的过度呕吐会使身体大量失水并会感到头晕、疲劳，同时，晕浪也很容易动摇求生者的求生意志而失去海上生存的信心。

登上救生艇筏后，淡水和食物的储备是有限的，求生者将面临缺乏饮用水与食物的困难。其中，缺水与缺粮相比较，饮用水比食物更为重要。

在弃船求生的过程中，遇险人员没有及时将有关信息发出或发出的信息不完整，救援者没有收到出事的信息或收到的信息不完整，都将增加海上救援的困难。

海上求生的过程中，坚强的求生意志有时比身体素质更为重要。但大量海上求生案例已经表明，上述的各种困难，容易使求生者产生恐惧和绝望的心理，从而失去求生的勇气。

长时间浸泡在冰冷的海水中会有生命危险

6.5.3　海上求生三要素

海上求生要素包括三个方面，即救生设备、求生知识和求生意志，一般也称其为海上求生三要素。它们在海上求生过程中是缺一不可的。

海上求生居第一位的要素即救生设备。救生设备主要包括救生艇、救助艇、救生筏、救生艇筏登乘设备、救生衣、救生圈、视觉信号及其他救生设备，其中的救生衣、救生圈等也称为个人救生设备。另外，救生设备还包括各种救生设备的属具。

求生知识包括各种救生设备的使用方法、紧急情况下应采取的措施、弃船后的正确行动和求生要领、救生艇航海常识、荒岛求生常识以及被救助时的行动和注意事项等。

弃船求生时求生者会面临溺水、暴露、晕浪、饮用水与食物的缺乏以及遇险位置不明等各种困难，这就要求海上求生人员要有坚强的意志和毅力，经得起饥饿、寒冷、口渴和晕浪的考验，能顽强地克服绝望和恐惧心理，坚持在任何时候永不放弃的信念，直至脱险获救。

救生艇

6.5.4 溺水自救和保温

弃船准备

当船长决定弃船求生时，船上人员应抓紧时间多穿保暖及不透水的衣服，在寒冷气候中更要穿戴手套、毛袜、毛线衣，再将救生衣穿好系紧。如果时间允许，尽量收集毛毯、衣服等保护物。另外，多吃、多收集食物和饮用水，并尽快到指定的救生艇筏处集合。

如果没有足够的救生衣，可以自制游泳圈，这可为无法上救生艇筏又没有救生衣的情况下争取多一点海上漂浮的时间，提高获救概率。可以利用的材料很多，例如把塑料薄膜袋吹胀，扎紧袋口，用绳子把它们一个个地连成与人胸围差不多大的圆圈。也可以倒空各种塑料瓶，拧紧盖子，再用绳子串起来。如果时间紧迫，就在胸背部及裤裆内各塞一个塑料瓶，再扣好纽扣，系紧裤带。也可将上衣脱下，纽扣全部扣住并扎紧袖口和领口，衣服下端也扎紧。在第二、第三个纽扣之间吹气便膨胀，即可支持体重。如用裤子则更理想，将两裤管扎紧，倒持裤腰迎风张开，待两裤管涨满后，即扎紧裤腰，便可做成一个马鞍形浮具。

如果需要跳水，位置最好在上风舷的舯部或舷部，并尽可能远离船体破损的缺口。船体/平台斜时应选择在低舷一

下放救生艇

侧，高度不超过5米的地方，按规定要求跳水。如果水面有油火，跳水时不可穿化纤织物的衣服，应将救生衣脱掉并系在腰上，深吸一口气，在水面下向上风方向潜游。需要换气时，应将手探出水面，向周围大面积地做拨水动作，将水面油火拨开后，面朝下风换气，深呼吸后，立即继续向上风方向潜游，游离油火海面后，再出水，将救生衣穿好。在自救过程中，采取一切措施避免油火进入各个器官内，防止受到损伤。

如果发生翻沉事故，导致人员被覆盖的，要尽可能在船体与水面空隙较大位置等待救援，不要轻易解脱救生衣试图逃离船舱。

溺水自救

会游泳的人，如果离岸较近、水势平缓则应采取自救。如果自己水性不是很好，要注意尽量不要从他人的面前游过，避免被不会游泳的人抓住不放，导致自救失败。

不会游泳的人落水后，首先应保持镇静，千万不要手脚乱蹬、拼命挣扎，这样只能使体力过早耗尽、身体更快地下沉。正确的自救做法是：落水后立即屏住呼吸，踢掉双鞋，然后放松肢体等待浮出水面，因为肺脏就像一个大气囊，屏气后人的密度比水小，所以人体在水中经过一段下落后会自动上浮。当感觉开始上浮时，应尽可能地保持仰位，使头部后仰。只要不胡乱挣扎，人体在水中就不会失去平衡。这样口鼻将最先浮出水面，可进行呼吸和呼救。呼吸时尽量用嘴吸气、用鼻呼气，以防呛水。只要能维持口鼻略微浮出水面，能进行呼吸和呼救就可以了。

落水者要以平静的心态等待救援者到来，千万不要试图将整个头部伸出水面，这将是一个致命的错误，因为对于不会游泳的人来说将头伸出水面是不可能的，这种必然失败的做法将使落水者更加紧张和被动，从而使整个自救行动功亏一篑。

当救助者出现时，落水者不要惊慌失措地去抓抱救助者的手、腿、腰等部位，一定要听从救助者的指挥，让他带着游上岸。否则不仅自己不能获救，反而连累救助者的性命。

保持体温

落水者跳水前应多穿保暖及不透水的衣服，虽然这些衣服会完全湿透并紧贴在身上，但身体表面与所穿的衣服之间可形成一层较暖的水包围全身，而衣服又能阻止这层暖水与周围寒冷海水的交换与对流，因此能大大延缓体温下降的速度。

落水者不要盲目运动，例如通过游泳来增加热量。这样做只会适得其反，虽然暂时提高了一些体温，但却加速了身体热量的散失。落水者应采取国际上有名的HELP姿势（Heat Escape Lessening Posture，减少热量散失的姿势），即：两腿弯曲并拢，尽量收拢于小腹下，两肘紧贴身旁夹紧，两臂交叉抱紧在救生衣前面。这样可以最大限度地减少身体表面暴露在冷水中，减慢体热散失速度，并使头部、颈部尽量露出水面。

如果近距离内有多名落水者，则可以采取进阶版Huddle（蜷缩）姿势，即：通过手臂与其他人肩搭肩紧紧抱成一团，相互缠绕双腿，众人尽可能地靠近，以增加皮肤接触面积。如果有老弱病残幼人员，应将其围在中央，可起到保护作用。为了保持体能，尽可能减少不必要的动作。当救援船或者飞机出现时，受困人员彼此挽住胳膊，用脚使劲踢打海水，造成大面积水花，便于救援人员发现。

HELP 姿势

Huddle 姿势

6.5.5 获取淡水和食物

饮用水

救生艇中的淡水通常是按额定乘员每人3升配备的，可供满载人员7天使用。救生筏中的淡水通常是按额定乘员每人1.5升配备的，可供满载人员4天使用。救生艇筏内配备的淡水是有限的，因此，海上求生者应随时收集补充赖以生存的饮用水。主要途径如下。

① 收集雨水和露水。如果遇上下雨，应使用一切可以做容器的装置全力收集雨水。

② 利用海洋生物的体液。海鱼的眼球中水分含量较多，直接吃掉即可补水，也可将捉到的海鱼切块，放在干净的破布中拧绞出体液，放入容器。

③ 海龟的血液也是一种很好的代用饮水。

救生艇筏上的淡水要集中存放，并有专人管理和分配。从弃船求生24小时后每人每天0.5升。饮用时，最好将每天分到的淡水分三等份，日出前喝1/3，日间喝1/3，日落后喝1/3。饮用时不要一口饮尽，要一小口、一小口地喝，水要尽可能在嘴里含一会儿，润一润嘴唇，然后慢慢地下咽。

不建议直接喝海水。海水盐度高于人体含盐量，它不仅不能向身体组织供水，还会使得血液中食盐浓度提高，将细胞内的水分释放到血液里，造成人体

眼球含有大量水分的海鱼

脱水。而且海水的杂质较多，不适合饮用。尿液也不建议饮用，因为尿液中含有过多的有毒物质，还会导致恶心、呕吐，使身体内的水分更加减少。

采集海藻

救生艇内应急口粮通常是按额定乘员6天配备的，而救生筏内则按3天配备。因此，必须设法在海上获取食物。在海上或荒岛求生，海藻是相对容易获得的一种食物，并且大多可以生食，口味也还不错。海藻是生长在潮间带及亚潮间带肉眼可见的大型藻类，通常包括绿藻、褐藻及红藻三大类。在古代中国及日本就有利用海藻作为食物的证据，古医典包括《本草纲目》《本草经集注》《海药本草》及《本草拾遗》等都有用海藻治疗各种疾病的记载。时至今日，还没有因食用海藻而中毒身亡的报道。因此，海藻是相对安全的野外给养食物。海藻中的许多种类都可以食用，例如海带、紫菜、裙带菜、石花菜等。

海带是一种在低温海水中生长的大型海生褐藻植物，其营养价值很高，同时具有一定的药用价值。海带叶片一般长2~5米，宽20~30厘米（在海底生长的海带较小，长1~2米，宽15~20厘米）。海带含热量低，蛋白质含量中等，矿物质丰富（尤其是碘）。

紫菜外形简单，由盘状固着器、柄和叶片三部分组成。叶片是由一层细胞（少数种类由两层或三层）构成的单一或具分叉的膜状体，其体长因种类不同而异，自数厘米至数米不等。紫菜含有叶绿素、胡萝卜素、叶黄素、藻红蛋白、藻蓝蛋白等色素，因其含量比例的差异，致使不同种类紫菜呈现紫红、蓝绿、棕红、棕绿等颜色，但以紫色居多，紫菜因此而得名。紫菜多生长在潮间带，喜风浪大、潮流通畅、营养盐丰富的海区。

裙带菜又名海芥菜，在欧美一些国家和地区经常被称为"海中的蔬菜"。叶缘呈羽状裂片，叶片较海带薄，外形像大破葵扇，也像裙带，故取其名。裙带菜不仅含有丰富的蛋白质、维生素和矿物质，还含有褐藻酸、甘露醇、褐藻糖胶、高不饱和脂肪酸、岩藻黄素、有机碘、甾醇类化合物、膳食纤维等多种具有独特生理功能的活性成分。

石花菜又名海冻菜、红丝、凤尾等，其分布很广，属于世界性的红藻。石花菜属于喜阴性植物，生长在干潮线以下及水深10米以内的海底岩石上，尤其是水质清净、潮流畅通、盐度较高的海区。石花菜含有丰富的矿物质和多种维生素，口感爽利脆嫩。

无论采集哪种海藻，求生者都应尽量选择那些生长良好、附着紧密的上品，而不要捡那些被潮水冲上岸来的次品。海藻采集后要尽快食用，或者晾干保存。离开海水后若不及时晾干，所有海藻都会很快腐烂。

尽管大多数海藻无毒，但有些品种含有机酸，会刺激消化道，引起严重腹泻。在无法确定所选海藻能否食用时，可以用手指碾碎一小块藻叶，放置几分钟，含有刺激性藻酸的藻类会释放出让人不舒服的气味。所有闻起来有异味、很难闻的海藻都不能要。即使是能够食用的海藻，每次也尽量少吃一些，直至自己的肠道适应。如果缺少淡水，最好不要食用海藻。如果条件允许，可将它们先放在淡水里清洗，以除去部分盐分。

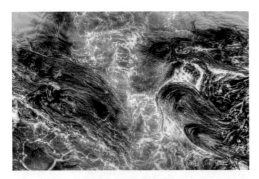

随波摇动的海藻

被潮水冲上海岸的海藻

打捞浮游生物

浮游生物泛指生活于水中而缺乏有效移动能力的漂流生物。部分浮游生物具有游动能力，但其游动速度往往比它自身所在的洋流流速慢，因而不能有效地在水中灵活游动。浮游生物体型细小，大多数用肉眼看不见。一般来讲，人类不会直接食用浮游生物，而是将其作为贝、虾、鱼类幼体的天然饵料。不过，浮游生物富含维生素C且易于收集，对海上求生者来说是一种不错的食物来源。收集浮游生物的方法是利用袜、裤、衬衣的袖子或其他多孔的衣着制成渔网，将网拖带在救生艇筏之后，随着救生艇筏的浮动，即可收集到浮游生物。

多种多样的海洋浮游生物

捕鱼

在海上，鱼是主要的食物来源。有一些海洋鱼类有毒，误食可能会致人死亡，但是一般来说，在看不到陆地的地方，鱼是很安全的食物。在靠近岸边的地方，会有一些危险的有毒鱼类，如红鲷鱼、梭子鱼等，它们在一般情况下是能食用的，但如果是从有环礁和礁石的地方捕获的就会有毒。

钓鱼时，不要空手去拉鱼线，也不要把它缠在手上或是绑在救生艇筏上。附在鱼线上的盐分会让它变得非常锋利，对救生艇筏和人都有可能产生损害。如果有手套，最好戴上，或者处理鱼的时候在手里垫块布，免得被锋利的鱼鳍和鳃盖划伤。

在温暖的地区，内脏和鱼血应该尽快处理。把不吃的鱼尽快切成薄薄的窄条，挂起来晾干。晾干的鱼能够保存好几天也不会坏，但没有及时清理和晾干的鱼半天就坏了。如果鱼鳃苍白发亮、鱼眼凹陷、鱼皮和鱼肉松弛或是有不好的气味，这样的鱼则不能吃。

另外要注意不要把鳗鱼和海蛇混为一谈，鳗鱼的身体有鳞片，而且有非常扁平的像船桨一样的尾巴。鳗鱼和海蛇都能吃，但是需要小心应对海蛇，因为被它们咬了的话人会中毒。海蛇的心脏、血、小肠和大部分肝脏都能吃，但内脏需要烹煮。在一些大鱼的胃里也会发现消化了部分的小鱼，它们也是能吃的。

红鲷鱼

海蛇

6.5.6　求救信号的发送

船舶发生海难事故后，遇险人员必须通过一切手段，将遇险的具体情况、时间、地点、遇险性质、所需帮助等和报警求救信号发送出去，一般可通过船上装备的甚高频、中频或高频数字选择呼叫设备及国际海事通信卫星、应急无线电示位标等，向附近船只或岸站发出求救信号。条件允许时，也可以直接用手机拨打水上遇险报警电话，我国海（水）上搜救专用电话为12395。在海上，船舶一旦发生碰撞、触角、搁浅、漂流、失火等海难事故或遇人员落水、突发疾病需要救助，就可以拨打12395向海上搜救中心报警。

如果上述手段无法实现，遇险人员也可以运用信号工具向外求救，具体方法有下述几种。

① 发射光。利用镜子或者闪光金属物，将阳光反射，传递信号。如果阳光强烈，反射光的可视距离达15千米左右，而且从高处更容易发现。

② 信号筒。分为日用和夜用两种，通常日用信号筒在10千米内才能看到，夜用信号筒在20千米外都能看到。

③ 防水手电筒。可以在夜间发射信号，但最多只能照射2千米左右。

④ 自制信号旗。将布片绕在长棒的顶端，作为信号旗使用。

⑤ 海上求救灯。点亮后依靠海水发光，将其浸入海水可持续发光15小时，在2千米远的地方就可以发现。

⑥ 镀铝尼龙布。反光性强，从远处就能发现，而且也容易被雷达发现。

海上求救灯

参考文献

[1] 太阳守望者. 儿童户外探索活动指南[M]. 北京：机械工业出版社，2022.

[2] 董范，游茂林. 户外运动史[M]. 北京：中国地质大学出版社，2020.

[3] 胡炬波. 户外运动与拓展训练[M]. 杭州：浙江大学出版社，2017.

[4] 钱俊伟，方翔. 户外探索：户外运动认知及基础技能[M]. 兰州：甘肃人民出版社，2010.

[5] 张建新，牛小洪. 户外运动宝典[M]. 武汉：湖北科学技术出版社，2007.